Paulus Vennebusch

[ha.'ha]

Witze fürs Leben

arsEdition

Paulus Vennebusch

[ha.'ha]

Witze fürs Leben

ZU DIESEM BUCH

Witze fürs Leben – das sind originelle, abwechslungsreiche, nicht allzu bekannte, gut konstruierte und vor allem saulustige Witze für (fast) jede Gelegenheit. Sie sollen ihre Zuhörer zum Lachen bringen, ohne auf Minderheiten herumzuhacken, ohne in die Schmuddelkiste zu greifen und ohne allzu reißerisch mit Tabus zu jonglieren. Ergänzt wird dieser zeitlose Witze-Kanon durch eine Sammlung der Lieblingswitze bekannter TV-Komiker wie Otto Waalkes, Olli Dittrich, Götz Alsmann oder Kaya Yanar. Denn Lachen ist gesund. Lachen verbindet. Lachen tröstet. Lachen befreit. Und Lachen ist höchst demokratisch: Jeder kann lachen. Und jeder kann andere zum Lachen bringen. Wie das geht? Das erfahren Sie in diesem Buch.

AUTOR

Paulus Vennebusch, 1968 in Paderborn geboren, schloss sein Germanistik-Studium mit einer Magisterarbeit über den Satiriker Robert Gernhardt ab und arbeitet seit 1994 als Fernseh-, Bühnen- und Romanautor. Er war Chefautor der Comedy-Show „RTL Samstag Nacht", bei der unter anderem Wigald Boning, Esther Schweins und Olli Dittrich seine Sketche spielten. Auch für Erfolgsformate wie die „Wochenshow", „Was guckst du?", „Die dreisten Drei", „Verstehen Sie Spaß?", „Zimmer frei" und „Dittsche" war bzw. ist er als Autor tätig. Er verfasst Bühnenprogramme für Komiker wie Ingolf Lück, Max Giermann oder Guido Cantz und schrieb gemeinsam mit Kaya Yanar den Bestseller „Made in Germany". Im Frühjahr 2011 erschien sein erster Roman „Giganten der Zärtlichkeit" im Piper Verlag. Paulus Vennebusch lebt mit seiner Frau und seinen beiden Töchtern in Köln.

© 2011 arsEdition GmbH, München
Alle Rechte vorbehalten
Grafische Gestaltung: arsEdition GmbH
Printed by Tien Wah Press
ISBN 978-3-7607-6830-4

www.arsedition.de

Inhalt

Witze fürs Leben
(oder: Warum *noch* ein Witzbuch?)

Die meisten Menschen legen Wert darauf, dass ihre Lebensmittel eine gewisse Qualität haben: Das Bio-Ei wird dem der Legebatterie-Henne jederzeit vorgezogen; das Obst sollte unbehandelt sein und im Idealfall den heimischen Dialekt sprechen; und wenn man schon Fleisch isst, möchte man zumindest sicher sein, dass das Schwein gern gelebt hat und seinen Tod nicht als Verbesserung empfunden hat. Was vor einigen Jahren noch als Spleen einiger weniger Gesundheitsapostel galt, ist mittlerweile voll im Trend: Die Qualität der Lebensmittel muss stimmen.

Auch Humor ist ein Lebensmittel, und zwar ein ganz entscheidendes. Ich zumindest möchte mir ein Leben ohne Humor nicht vorstellen müssen. Ich kann ein paar Wochen ohne Kaffee auskommen, ich muss nicht jeden Tag Salat essen, und ich kann sogar das Menschenunmögliche versuchen, nämlich die Erdnussflips in der angebrochenen Tüte *nicht* zu essen. Aber auf Lachen möchte ich keinen Tag verzichten.
Ich lache gern und ich bringe gern andere Menschen zum Lachen. Ich mache das so gern, dass ich es sogar zu meinem Beruf gemacht habe. Und das bereichert nicht nur *mein* Leben, sondern auch das meines Publikums. Denn Lachen ist gesund. Lachen verbindet. Lachen tröstet. Lachen befreit. Und Lachen ist höchst demokratisch: Jeder kann lachen. Und jeder kann andere zum Lachen bringen. Man muss Humor-Produktion nicht professionell betreiben, um seine Mitmenschen zu erheitern. Eine der einfachsten Methoden, andere Menschen zum Lachen zu bringen, ist das Erzählen eines

Witzes. Und um noch einmal den Vergleich mit den Lebensmitteln zu bemühen: In einem Punkt gleichen sich Witze und Eier bis aufs i-Tüpfelchen – je besser die Qualität, desto größer der Genuss.

Es ist also ganz einfach: Man hört einen tollen Witz – beste Qualität, taufrisch, zum Reinbeißen lustig –, man lacht sich schlapp und dann erzählt man ihn am nächsten Tag einfach weiter. So könnte ich es auch machen. Aber ich habe ein Problem: Ich kann mir keine Witze merken! Bei schlechten Witzen ist das eine prima Eigenschaft, die ich jedem nur wünschen kann. Aber ich kann mir auch die *guten* Witze nicht merken. Ich höre einen guten Witz, ich lache über ihn, ich will ihn kurz danach weitererzählen – und er ist weg! Selbst wenn ich mir fest vornehme, einen guten Witz, den ich abends auf einer Party höre, auf jeden Fall zu behalten – bereits nach einer Gabel Nudelsalat, erst recht nach einem Glas Bier, spätestens aber am nächsten Morgen hat er mein Kurzzeitgedächtnis verlassen. Für immer. Was für eine Verschwendung!

Natürlich weiß ich, dass ich mit dieser Witze-Amnesie nicht allein bin. Deshalb habe ich mich entschlossen, das vorliegende Buch zu schreiben – für all diejenigen Menschen, denen es ähnlich geht wie mir. Menschen wie ich benötigen einen stets griffbereiten Hausschatz an guten Witzen, ohne sich damit dauerhaft wertvolle Hirnreserven zu blockieren. Ein Nachschlagewerk der internationalen Spitzenwitze, auf das wir jederzeit zurückgreifen und mit dessen Hilfe wir uns zielsicher für jeden Anlass rüsten können.

Nun ist Humor eine sehr spezielle Angelegenheit. Nicht jeder findet die gleichen Witze lustig. Was dem einen vor lauter Lachen gleich literweise Tränen in die Augen treibt, löst bei einem anderen nur ratloses Schulterzucken aus. Trotzdem habe ich versucht, eine Sammlung zusammenzustellen, die eine höchstmögliche Allgemeingültigkeit besitzt. Dafür habe ich einen Katalog von Qualitätsmaßstäben erstellt, an dem jeder Witz gemessen wurde. Alle Witze, die im vorliegenden Buch versammelt sind, entsprechen entweder haargenau diesen Qualitätsmaßstäben – oder aber ich fand sie *trotzdem* saukomisch!

Ein komischer – und somit guter – Witz muss für mich in der Regel folgende Kriterien erfüllen:

GERINGER BEKANNTHEITSGRAD

Ein Witz funktioniert nur dann, wenn er dem Adressaten noch nicht bekannt ist. Ein Klassiker wie:

Fragt der Ober: „Na, wie fanden Sie das Schnitzel?"
„Ach, ganz zufällig, unter einem Salatblatt!"

mag vor vielen, vielen Jahren ein guter Witz gewesen sein, aber wir alle haben ihn mittlerweile mindestens hundertmal gehört – und wer lacht schon hundertmal über den gleichen Witz? Die hier versammelten Witze habe ich bislang selten gehört. Sie sind nach meiner Erfahrung noch nicht „rum". Das trifft natürlich nicht für jeden Leser zu. Den Lesern, die den einen oder anderen Witz bereits kennen, rate ich, einfach weiterzulesen. Ich bin sicher: Auch sie werden bei der Lektüre früher oder später bereichernde Neuentdeckungen machen!

ÜBERRASCHENDE POINTEN

Was nützt der unbekannteste Witz, wenn er keine gute Pointe hat (was bei manchen Witzen sicherlich zu deren geringem Bekanntheitsgrad beiträgt)? Es ist und bleibt das A und O eines jeden guten Witzes: Das Ende muss überraschen. Je größer die Überraschung, desto größer der Effekt.

Davon lebt zum Beispiel folgender Witz:

Ein Franzose betritt eine Bar.
Auf seinem Kopf sitzt ein Ochsenfrosch, der Trompete spielt.
Der Barmann ist begeistert:
„Wow – wo haben Sie den denn her?"
Sagt der Frosch:
„Aus Paris – da laufen solche Typen zu Tausenden rum!"

Eine frische, starke Pointe ist für einen Spitzenwitz unerlässlich. So selbstverständlich das klingt, es gibt etliche Witze, die dieses Kriterium nicht erfüllen.

HOHE VERSTÄNDLICHKEIT

Engländer, Dänen, Deutsche. Katholiken, Moslems, Atheisten. Männer, Frauen, Kinder. Doofe, Schlaue, Bauernschlaue. Sie alle haben einen unterschiedlichen Hintergrund. Ein guter Witz sollte aber unabhängig davon funktionieren. Einige Kriterien können dazu beitragen, einen Witz über Landes-, Standes- oder Geschlechtergrenzen hinaus verständlich zu halten. Dazu zählt der Verzicht auf (nicht übersetzbare) Wortspiele sowie die Auswahl von Themen, zu denen möglichst viele Adressaten Zugang finden. Sexistische Witze finden in den meisten Fällen nur Männer lustig. Um die potenzielle Komik in mittelhochdeutscher Minne-Lyrik entdecken zu können, muss man in der Regel 45 Semester Germanistik studiert haben (dann ist man aber Mitte 50 und arbeitslos, was auch nicht schön ist). Und über die lustige Brille des bulgarischen Familienministers kann ich nur dann lachen, wenn ich weiß, wie er aussieht. Darum sucht man im vorliegenden Buch auch vergeblich nach Witzen über die lustige Brille des bulgarischen Familienministers.

ZEITLOSIGKEIT

Witze über Zeitgeist, aktuelle Modeerscheinungen, politische Trends oder spezielle Medienereignisse mögen Spaß machen – aber nur so lange, wie die entsprechenden Themen den Menschen präsent sind. Danach sind Fußnoten gefragt. Nichts ist unlustiger, als die inhaltlichen Voraussetzungen für einen Witz vorher erklären zu müssen, weil niemand mehr weiß, womit der Finanzminister zur Bismarck-Zeit beschäftigt war, oder weil die jungen Zuhörer keine Ahnung haben, was den Opel Manta zu einem besonderen Auto machte. Ein guter Witz sollte unabhängig von der Zeit, in der er erzählt wird, funktionieren. Im Idealfall ein ganzes Leben lang.

RÜCKSICHTNAHME

Viele Witze basieren auf Schadenfreude. Das ist auch in Ordnung. Dennoch sollte ein guter Witz niemals seine Zuhörer verletzen. Niemand will durch einen Witz gekränkt oder beleidigt werden. Darum verzichte ich bei dieser Witzauswahl weitgehend auf Witze mit sozial, ethnisch, religiös oder sexuell diskriminierenden Inhalten. Wobei ich durchaus differenziere. Nicht jeder Witz mit heiklem Inhalt ist gleichzeitig diskriminierend. Auch ich kann durchaus über Witze lachen, die zum Beispiel religiöse oder sexuelle Inhalte haben. Aber diese Witze dürfen nicht verletzend sein. Ein Witz über das Liebesleben des Papstes ist dann ein guter Witz, wenn auch der Papst darüber lachen kann!

Diese fünf Kriterien sollen dafür sorgen, einen möglichst großen Konsens zwischen mir und den Lesern zu schaffen. Die Qualitätsbestimmung von Witzen ist immer auch subjektiv und geschmäcklerisch, aber immerhin steigert eine gewisse Sorgfalt bei der Auswahl die Chance, dass zumindest handwerklich alles stimmt.

Allen Kriterien zum Trotz: Jeder Mensch hat einen anderen Witzge-schmack. Und das ist auch gut so. Denn nur so entsteht Vielfalt. Komik und Humor sind nicht standardisierbar, sie folgen keinen allgemeingültigen Regeln – so kommt es, dass selbst Humor-Profis über die unterschiedlichsten Witze lachen. Ich begegne bei mei-ner Arbeit vielen Komikern. Einige von ihnen haben mir für meine Sammlung ihren persönlichen Lieblingswitz erzählt. Aber ob Götz Alsmann über Otto Waalkes' Lieblingswitz lachen würde? Ob sich Ingolf Lück und Mike Krüger vor Lachen gegenseitig auf die Schen-kel schlagen würden? Ich weiß es nicht. Aber ich will es darauf ankommen lassen. Das Resultat ist auf den folgenden Seiten zu finden.

Der Lieblingswitz von Otto Waalkes

Eine weitverbreitete These lautet: Comedy ist eine Erfindung der 90er-Jahre. Welch ein Irrtum! Denn bereits in den 70ern zeigte uns ein Mann, dass komische Unterhaltung ohne jeden Belehrungsanspruch nicht nur möglich, sondern auch extrem gefragt ist! Otto Waalkes (*1948) blödelte sich mit Weltklasse-Nonsens (zum Teil aus der Feder des großen Satirikers und Schriftstellers Robert Gernhardt) an die Spitze aller Ranglisten: diverse Goldene Schallplatten, zahlreiche Fernsehsendungen und der bisher erfolgreichste deutsche Kinofilm aller Zeiten gehen auf sein Konto.

Eine ganze Generation kann heute noch Ottos Bühnenprogramme mitsprechen – viele seiner Gags werden seit Jahrzehnten in Witzform weitererzählt und dem Volksmund zugeschrieben. Der Witz, den Otto mir für diese Sammlung erzählt hat, ist typisch für ihn: Nonsens pur!

„Können Sie mir sagen, wo die andere Straßenseite ist?"
„Da drüben!"
„Komisch, die schicken mich immer hier rüber!"

Ein Mann glaubt, dass seine Frau ein Hörgerät braucht.
Der Arzt empfiehlt ihm, die Frau zu testen:
Er soll sich hinter sie stellen und ihr eine Frage stellen –
einmal aus fünf Meter Entfernung, einmal aus drei Meter Entfernung
und einmal direkt hinter ihr stehend.
Der Mann probiert es aus. Als seine Frau in der Küche mit dem Rücken
zu ihm am Herd steht, fragt er in normaler Lautstärke:
„Liebling, was gibt es heute zum Abendessen?"
Keine Reaktion.
Er nähert sich auf drei Meter:
„Was gibt es heute zum Abendessen?"
Immer noch keine Reaktion.
Schließlich steht er direkt hinter ihr:
„Liebling, was gibt es zum Abendessen?"
Da dreht sie sich um und sagt:
„Schatz, zum dritten Mal: Es gibt Hühnchen!"

Zwei Männer treffen sich im Supermarkt.
Der eine spricht den anderen an:
„Entschuldigung, ich habe meine Frau verloren.
Können Sie mir suchen helfen?"
Der andere Mann willigt sofort ein:
„Gern. Sie können mir übrigens auch suchen helfen.
Meine Frau ist nämlich auch weg!"
„Wie sieht Ihre denn aus?"
Er beschreibt sie:
„Na ja, 1,80 groß, blond, schlank, große Brüste ... und Ihre?"
Da winkt der andere Mann ab:
„Vergessen wir meine – wir suchen Ihre!"

Schottenwitze gehören zu den stark strapazierten Witzgenres der letzten Jahrzehnte. Viele von ihnen haben durch hundertfaches Erzählen ihre Frische verloren. Der folgende Schottenwitz allerdings hat für meinen Geschmack seinen Charme bewahrt. Natürlich dreht sich auch bei diesem Beispiel alles um die sprichwörtliche schottische Sparsamkeit, aber in diesem Fall macht mir das Klischee Spaß, weil es in einer hochdramatischen Situation greift:

Ein Schotte, dessen Frau gestorben ist,
will eine Todesanzeige aufgeben:
„Ich möchte nur drei Wörter drucken lassen: ‚Martha ist tot.'
Was kostet das?"
Der Mitarbeiter der Anzeigenannahme antwortet:
„Das günstigste Angebot gilt für bis zu sechs Wörter, Sie können für
den gleichen Preis also noch drei weitere Wörter verwenden."
„Gut", sagt der Schotte, „dann schreiben Sie: ‚Martha ist tot.
Zweitwagen zu verkaufen.'"

Eine Frau betritt mit einem Säugling auf dem Arm einen Bus.
Der Busfahrer spricht sie an: „Sie haben aber ein hässliches Kind!"
Die Mutter ist entrüstet: „Was erlauben Sie sich?"
Wutentbrannt setzt sie sich neben einen freundlichen älteren Herrn
und schüttelt stumm den Kopf.
Der Mann fragt sie: „Was haben Sie denn?"
„Der Busfahrer hat eben mein Kind beleidigt!"
„Was? Das würde ich mir aber nicht gefallen lassen.
Gehen Sie noch mal hin und fordern Sie eine Entschuldigung.
Ich halte solange Ihren Affen!"

Zwei Volltrunkene fahren in einem Auto durch die Nacht.
Sie rasen auf eine Kurve zu. Plötzlich brüllt der eine:
„Vorsicht – da kommt eine Kurve!"
Da sagt der andere:
„Waaaas? Ich dachte, du fährst!"

Ein paar Jäger fahren mit einem LKW auf einen Bauernhof.
Einer von ihnen steigt aus und fragt den Bauern um Erlaubnis,
auf seinem Grund und Boden jagen zu dürfen. Der Bauer sagt:
„Kein Problem, ich jage sowieso nicht.
Aber könnten Sie mir einen Gefallen tun? Sehen Sie den alten Esel
da hinten? Der ist uralt und er hat auch schon Krebs.
Aber ich bringe es einfach nicht übers Herz, ihm den Gnadenschuss
zu geben. Könnten Sie das für mich erledigen?"
Der Jäger antwortet:
„Natürlich, den Gefallen tu ich Ihnen gern!"
Er geht zurück zum LKW und denkt sich:
„Jetzt nehme ich meine Kumpels mal so richtig auf den Arm!"
Als er ankommt, fragen seine Freunde:
„Und? Dürfen wir jagen?"
Der Jäger antwortet:
„Nein, dürfen wir nicht. Der Bauer lässt uns nicht.
Aber ich werde ihm eine Lektion erteilen, Jungs. Passt mal auf!"
Er zielt auf den Esel und erschießt ihn.
Stille.
Dann ein Schuss von der anderen Seite des Autos.
Und der Ausruf eines Kollegen:
„Ich habe die Kuh getroffen!"

Zwei Anwälte stehen an der Bar.
Der eine stellt dem anderen eine Rätselaufgabe:
„Was ist blau, hängt an der Wand und spricht englisch?"
Der andere zuckt mit den Schultern: „Keine Ahnung!"
„Ganz einfach: Ein Kaninchen!"
„Aber ein Kaninchen ist nicht blau!"
„Man kann es blau anmalen!"
„Es hängt aber nicht an der Wand!"
„Wenn man es an die Wand nagelt, schon!"
„Aber ein Kaninchen spricht nicht englisch!"
„Na und? Dann verklag mich doch!"

Zwei alte Damen treffen sich in einem Café.
Da sagt die eine zur anderen:
„Hör mal, das ist mir jetzt furchtbar peinlich, jetzt kennen wir uns schon über 50 Jahre … und ich habe deinen Namen vergessen."
Die andere erwidert:
„Och, das ist nicht weiter schlimm. Da kann ich dir helfen.
Bis wann müsstest du das denn wissen?"

Ein Mann und eine Frau leben schon sehr lang in wilder Ehe zusammen. Eines Tages fragt sie ihn:
„Meinst du nicht, dass wir nach so vielen Jahren heiraten sollten?"
Er antwortet:
„Gute Idee, aber meinst du, uns nimmt noch irgendwer?"

Ein Mathematiklehrer kommt in ein Fotogeschäft,
reicht einen USB-Stick über die Theke und sagt:
„Ich möchte gerne einen Abzug von diesem Foto machen lassen."
Der Verkäufer fragt: „13 mal 18?"
„234, warum?"

Ein Mafia-Boss hat herausgefunden,
dass ihn sein tauber Buchhalter um 10 Millionen Dollar betrogen hat.
Als der Boss sich den Buchhalter vornehmen will,
bringt der seinen Anwalt mit, der die Zeichensprache beherrscht.
Der Boss möchte wissen, wo die 10 Millionen Dollar versteckt sind.
Daraufhin stellt der Anwalt dem Buchhalter die Frage
in Zeichensprache.
Der Buchhalter signalisiert zurück:
„Ich weiß nicht, wovon Sie sprechen."
Der Anwalt antwortet dem Boss:
„Er sagt, er weiß nicht, wovon Sie sprechen."
Nun reicht es dem Boss: Er zieht eine 9-mm-Pistole aus der Tasche,
hält sie gegen den Kopf des Buchhalters und sagt:
„Frag ihn noch mal!"
Der Anwalt signalisiert dem Buchhalter:
„Er wird dich umbringen, wenn du es nicht sagst."
Der Buchhalter signalisiert zurück:
„Okay, Sie haben gewonnen. Das Geld ist in einem braunen Koffer,
es ist vergraben hinter dem Schuppen von meinem Cousin Enzo
drüben in Queens."
Der Boss fragt: „Und, was sagt er?"
Der Anwalt antwortet:
„Er sagt, Sie haben nicht den Mumm abzudrücken."

Drei Geschäftsmänner haben soeben ihr ausgiebiges Mittagessen in einem chinesischen Restaurant beendet und lesen die kleinen Zettel, die sie in ihren Glückskeksen gefunden haben.

Auf dem Zettel des ersten Mannes steht:

„Sie werden Millionenumsätze machen."

Der zweite Mann liest:

„Sie werden das Herz einer unwiderstehlichen Rothaarigen erobern."

Dann entfaltet der dritte Mann seinen Zettel. Dort steht:

„Hilfe! Ich bin in einer chinesischen Bäckerei eingesperrt!"

Ein alter Cowboy sitzt in einer Bar und trinkt ein Bier.

Eine junge Frau beobachtet ihn eine Weile. Dann spricht sie ihn an:

„Sind Sie ein echter Cowboy?"

„Nun", erwidert er, „ich habe mein ganzes Leben auf einer Ranch verbracht. Ich bin geritten, habe das Vieh gehütet, habe Zäune repariert und ich habe am Lagerfeuer Kaffee aus Blechtassen getrunken – also bin ich wohl ein Cowboy! Und Sie? Was sind Sie?"

Die Frau antwortet: „Ich bin eine Lesbe. Ich denke den ganzen Tag an nichts anderes als an Frauen. Schon morgens beim Aufwachen denke ich an Frauen. Beim Arbeiten, beim Fernsehen, beim Duschen und beim Zubettgehen – ich kann an nichts anderes als an Frauen denken!"

Etwas später kommt eine andere Frau in die Bar.

Auch sie beobachtet den alten Cowboy und fragt ihn dann:

„Sind Sie ein echter Cowboy?"

„Nun", erwidert er, „ich *dachte* immer, dass ich einer bin, aber ich habe heute erfahren: Ich bin eine Lesbe!"

Ein Mann beobachtet durch sein Wohnzimmerfenster,
wie sich draußen vor dem Haus zwei Autoknacker an seinem Wagen zu
schaffen machen. Aufgeregt ruft er bei der Polizei an und meldet den
Vorfall. Doch er bekommt lediglich zu hören:
„Bleiben Sie ruhig, verschließen Sie die Wohnungstür von innen
und beobachten Sie das Ganze."
„Schicken Sie denn keinen Streifenwagen?", fragt der Mann erstaunt.
Der Polizist antwortet nur:
„Tut mir leid, wir haben zurzeit keine Kapazitäten mehr frei",
und legt auf.
Der Mann denkt sich: „Unglaublich! Denen werde ich's zeigen!"
Zwei Minuten später ruft er wieder bei der Polizei an:
„Sie müssen keinen Wagen mehr vorbeischicken,
ich habe die beiden Autoknacker erschossen!"
Weitere sieben Minuten später stehen fünf Streifenwagen vor der Tür
des Mannes. Der Einsatzleiter springt aus dem vorderen Auto und ruft:
„Wo sind die Leichen?"
Der Mann tut ahnungslos: „Was für Leichen?"
„Sie haben doch gesagt, Sie hätten die Männer erschossen!"
Der Mann deutet auf die Streifenwagen und erwidert:
„Ja, und *Sie* haben gesagt, Sie hätten keine Kapazitäten mehr frei!"

Nach der Operation meint der Chefarzt zum Patienten:
„Machen Sie sich keine Sorgen. In zwei Wochen sind Sie draußen –
so oder so!"

Eine Frau übernachtet zum ersten Mal in ihrem Leben in einem Hotel.
Am nächsten Morgen ruft sie aufgeregt in der Rezeption an:
„Helfen Sie mir!"
Der Empfangschef fragt nach:
„Wo ist das Problem?"
„Ich komme nicht aus meinem Zimmer raus! Die eine Tür führt ins Bad,
die zweite auf den Balkon und an der dritten hängt an der Klinke ein
rotes Schild mit der Aufschrift ,Bitte nicht stören'!"

Nach seiner Rückkehr aus dem Urlaub
wird Schneider von seinem Chef gefragt:
„Na, Schneider, wie war es denn in Rio de Janeiro?"
„Ach, in Brasilien gibt's nur Fußballspieler und Nutten!"
Darauf meint der Chef:
„Wussten Sie eigentlich, dass meine Frau Brasilianerin ist?"
„Oh, das ist mir neu. Bei welchem Verein hat sie denn gespielt?"

Ein Mann spricht zu Gott:
„Ist es wahr, dass eine Million Jahre für dich nur eine Sekunde sind?"
„Ja, das ist wahr!"
„Und was sind eine Million Euro für dich?"
„Eine Million Euro sind für mich ein Cent!"
„Gut", sagt der Mann,
„könntest du mir dann bitte einen Cent schenken?"
„Klar, kein Problem", antwortet Gott,
„warte eine Sekunde!"

Die Patientin vertraut sich ihrer Hausärztin an:
„Frau Doktor, ich habe ein sexuelles Problem:
Mein Ehemann erregt mich überhaupt nicht!"
Die Ärztin verspricht Hilfe: „Morgen werde ich eine gründliche
Untersuchung vornehmen. Bringen Sie Ihren Mann bitte mit!"
Am nächsten Tag erscheint das Paar in der Praxis.
Die Ärztin bittet den Ehemann: „Ziehen Sie sich komplett aus."
Der Mann zieht sich aus.
„Und jetzt drehen Sie sich um. Und legen Sie sich bitte hin.
Aha, ich sehe schon. Danke, Sie können sich wieder anziehen."
Die Ärztin nimmt die Frau zur Seite: „Mit Ihnen ist alles in Ordnung",
sagt sie zu ihr, „mich macht er auch nicht an!"

Wieso haben wir eigentlich das Gefühl, dass sexistische Witze
immer dann in Ordnung sind, sobald sie auf Kosten von Männern
gehen? Oder hätten Sie über diesen Witz gelacht, wenn eine Frau
das Opfer gewesen wäre?

Ein alter Mann sucht einen Beichtstuhl auf und sagt zum Priester:
„Vater, ich bin 84 Jahre alt und habe letzte Nacht stundenlang Sex mit
zwei 21-jährigen Studentinnen gehabt – und das gleichzeitig!"
Daraufhin erkundigt sich der Priester:
„Darf ich fragen, wann Sie das letzte Mal zur Beichte gegangen sind?"
Der Mann antwortet:
„Ich bin vorher noch nie zur Beichte gegangen – ich bin Jude!"
„Und warum erzählen Sie mir es dann?", fragt der Priester verblüfft.
„Weil ich es *allen* erzähle!"

Der Lieblingswitz von Mike Krüger

Mike Krüger (*1951) ist einer der erfolgreichsten deutschen
Komiker der letzten 30 Jahre. In den 70er- und 80er-Jahren hat
er mit Hits wie „Mein Gott Walther" und „Der Nippel" die Nation
kollektiv zum Lachen gebracht. Von 1996 bis 2005 gehörte er zur
Stammbesetzung der Comedy-Show „7 Tage, 7 Köpfe". Und noch
heute zählt Mike zu den ganz großen Spaßmachern Deutschlands.
Im Gegensatz zu manchen seiner Kollegen geht Mike nicht auf
Distanz zum Genre „Witz". Während andere entschuldigend die
Arme heben und sagen: „Ich kenne keine Witze", fragt Mike nur:
„Wie viele brauchst du?"
Mike Krüger erzählt gerne Witze. Seine Spezialität: Er verpackt
Witze autobiografisch – immer dann, wenn er uns wissen
lässt: „Ich hatte eine schwere Kindheit ..." Garantiert *nicht*
autobiografisch ist allerdings sein Lieblingswitz:

**Was sagt der Schönheitschirurg bei einer
Gesichtsoperation zu seinem Assistenten?
„Können Sie mal kurz die Fresse halten?"**

Herr Schulz ruft aufgeregt bei seinem Hausarzt an:
„Kommen Sie sofort! Meine Frau ... Sie wissen ja,
dass sie immer mit weit geöffnetem Mund schläft.
Und vorhin ist ihr dabei eine Maus in den Hals gekrabbelt!"
„Ich bin in wenigen Minuten bei Ihnen!", antwortet der Arzt.
„In der Zwischenzeit halten Sie ihr ein Stück Käse vor den Mund,
dann kommt die Maus vielleicht von selbst raus."
Als der Arzt bei dem Ehepaar ankommt, sieht er Herrn Schulz,
der panisch eine große Flunder vor dem Mund seiner Frau
hin- und herschwenkt.
„Was tun Sie denn da?", fragt der vollkommen verwunderte Arzt.
„Ich habe doch gesagt, Sie sollen Ihrer Frau ein Stück Käse
vor den Mund halten – Mäuse mögen keine Flundern!"
„Ich weiß", japst Herr Schulz atemlos,
„aber ich muss doch zuerst die Katze rauslocken!"

Ein Mann kommt in eine voll besetzte Kneipe.
Er hat ein Krokodil dabei. Plötzlich lässt er die Hose herunter,
legt seinen Penis in das Maul des Krokodils und haut dem Tier
mit einem Hammer auf den Kopf. Als er das Maul des Krokodils öffnet,
staunen die Leute: Der Mann ist völlig unversehrt!
Der Mann ruft: „500 Euro für den, der sich traut, das nachzumachen!"
Stille.
Er erhöht das Angebot auf 1000 Euro.
Immer noch Stille.
Erst bei 1500 Euro steht ein junger Mann auf und sagt:
„Okay, ich mach's – aber nur unter einer Bedingung!"
„Und die wäre?"
„Dass Sie mir nicht mit dem Hammer auf den Kopf hauen!"

[ha.'ha]

Ein Geschäftsführer, ein Abteilungsleiter und ein Arbeiter
unterhalten sich darüber, was sie mit ihrer Jahresprämie machen.
Der Geschäftsführer sagt: „Ich kaufe mir ein Anwesen auf Sylt."
Der Abteilungsleiter meint: „Ich kaufe mir einen Sportwagen."
Der Arbeiter erklärt: „Ich leiste mir ein Taschenbuch."
„Und was ist mit dem Rest?", fragt der Geschäftsführer.
„Den gibt mir meine Oma dazu!"

Vorm Bundestag stolpert ein Rentner und stürzt.
Der Finanzminister kommt zufällig vorbei und hilft ihm auf.
„Danke, das ist aber nett", sagt der Rentner.
„Nichts zu danken – dafür wählen Sie mich einfach
beim nächsten Mal wieder", entgegnet der Minister.
Sagt der Rentner:
„Ich bin doch nur auf den Rücken gefallen – und nicht auf den Kopf!"

An einer Straßenecke treffen ein Hund und eine Katze aufeinander
– augenblicklich bricht ein Kampf aus. Sofort versammelt sich eine
große Menschenmenge um die verbissen Kämpfenden.
Ein Mafia-Killer, der auch unter den Zuschauern ist,
hat plötzlich eine Pistole in der Hand und erschießt den Hund.
Ein Polizist, der in der Nähe Streife geht, hört den Schuss und kommt
angerannt. Der Mafioso wirft seine Waffe vor die Füße der Katze
und raunt den Zuschauern zu:
„Sagt ihm kein Wort! Er wird denken, es war die Katze!"

Ein Schneider leidet unter dauerhafter Schlaflosigkeit.
„Zähl einfach Schafe", rät ihm sein Kollege.
„Das ist die *einzige* Methode, die wirklich *immer* hilft."
Der Schneider denkt, dass er nichts zu verlieren hat, und sagt sich:
„Okay, ich versuche es heute Nacht."
Am nächsten Morgen sind die Ringe unter seinen Augen dunkler
und größer als je zuvor, er sieht fürchterlich aus.
„Was ist los?", fragt sein Kollege. „Hast du keine Schafe gezählt?"
„Doch! Das ist ja das Problem", erwidert der Schneider.
„Bis 50.000 bin ich gekommen. Dann habe ich die Schafe geschoren
und aus der Wolle 50.000 Mäntel genäht. Und dann kam das Problem,
das mich die ganze restliche Nacht wach gehalten hat:
Wo zum Teufel soll ich 50.000 Futterstoffe herkriegen?!"

Ein Warschauer, ein Dresdner und ein Kölner sitzen in einem Café.
Da erscheint eine gute Fee und bietet an,
jedem der Männer einen Wunsch zu erfüllen.
Der Pole sagt: „Ich wünsche mir, dass jeder Pole einen eigenen
Mercedes besitzt, sodass kein Pole mehr einen klauen muss!"
Die Fee sagt: „Dein Wunsch ist erfüllt."
Sie wendet sich dem Dresdner zu: „Und du?"
„Ich möchte die Mauer wiederhaben", antwortet er.
„So soll es sein", entgegnet die Fee und wendet sich dem Kölner zu:
„Und was ist dein größter Wunsch?"
Der Kölner überlegt: „Hm, wenn alle Polen einen eigenen Mercedes
haben und die Mauer wieder steht, dann nehme ich einen Espresso!"

Drei Vertreter einer Versicherungsgesellschaft treffen im Zug
auf drei Kollegen der Konkurrenz. Sie unterhalten sich darüber,
dass überall gespart werden muss.
„Bei euch auch?", fragt einer der Konkurrenten. „Wir drei müssen uns
mittlerweile sogar eine einzige Fahrkarte teilen!"
„Das ist ja toll! Wie macht ihr das denn?"
„Wir zeigen es euch, da hinten kommt der Schaffner."
Als der Schaffner sich nähert, gehen alle drei gemeinsam auf die
Toilette und verschließen die Tür.
„Fahrkartenkontrolle! Schieben Sie bitte Ihre Fahrkarte
unter der Tür durch", ruft der Schaffner von außen.
Die Karte wird durchgeschoben, der Schaffner prüft sie,
schiebt sie zurück, bedankt sich und geht weiter.
Eine Woche später treffen sich die beiden
konkurrierenden Teams wieder.
„Wir fahren mittlerweile auch nur noch mit einer Karte",
erzählen die einen stolz.
„Wir sind mittlerweile sogar einen Schritt weiter",
meinen die Kollegen, „wir verzichten jetzt komplett auf ein Ticket."
Die Konkurrenten staunen: „Wie geht denn das?"
„Zeigt ihr erst mal, wie es bei euch klappt!"
Der Schaffner nähert sich und die drei Kollegen verschwinden auf
der Toilette. Kurz darauf klopft einer der anderen Vertreter an die
Toilettentür: „Fahrkartenkontrolle!
Schieben Sie bitte Ihre Fahrkarte unter der Tür durch!"

Nach 20 Stunden Autofahrt nimmt sich ein Ehepaar ein Hotelzimmer,
um zwischendurch ein paar Stunden zu schlafen.
Als sie nach vier Stunden auschecken wollen,
präsentiert ihnen der Hotelmanager die Rechnung.
Der Mann regt sich auf: „500 Euro? Das ist viel zu viel für das Zimmer!"
Der Hotelmanager bleibt hart:
„Das ist Standard-Tarif. Und außerdem standen Ihnen Fitnesscenter,
Wellnessbereich und Konferenzraum zur Verfügung."
„Aber das Angebot haben wir doch gar nicht genutzt", sagt der Mann.
„Aber Sie hätten es nutzen *können*", entgegnet der Manager,
„genau wie die Doppelgänger-Show und das 3D-Kino."
„Aber wir haben die Veranstaltungen gar nicht besucht",
erwidert der Mann.
Der Manager bleibt dabei: „Es ist egal, ob Sie da waren oder nicht.
Wir bieten es an und Sie hätten es tun *können*!"
Schließlich erklärt sich der Mann bereit zu zahlen.
Er überreicht einen Scheck in Höhe von 100 Euro.
„Die anderen 400 Euro habe ich dafür in Rechnung gestellt,
dass Sie mit meiner Frau geschlafen haben."
Jetzt wird der Manager nervös: „Aber das habe ich gar nicht getan ..."
„Wir waren vier Stunden hier, ich habe fest geschlafen –
Sie hätten es tun *können*!"

Ein Zoologie-Student steht in seiner Examensprüfung vor einem halb
zugedeckten Käfig, in dem nur die Beine eines Vogels zu sehen sind.
Der Professor fragt: „Welcher Vogel ist das?"
„Weiß ich nicht!"
„Ihren Namen, bitte!"
Der Student zieht seine Hosenbeine hoch: „Raten Sie doch mal!"

Ich bin kein großer Fan von Blondinenwitzen. Aber der folgende Witz ist für mich eine rühmliche Ausnahme. Die Pointe ist zwar recht vorhersehbar, aber die Situation ist so anschaulich und lustig, dass sie mir immer wieder ein Grinsen ins Gesicht zaubert:

Ein Bauchredner erzählt einen Blondinenwitz nach dem anderen. Nach einer halben Stunde springt eine Blondine im Publikum auf und beschwert sich: „Sie Mistkerl, was erzählen Sie da für einen Schwachsinn über uns Blondinen? Das sind alles ganz platte Vorurteile! Wir sind nämlich gar nicht blöd!"
Der Bauchredner versucht sie zu beruhigen:
„Junge Frau, das ist doch nicht ernst gemeint,
das sind doch nur Witze!"
Darauf entgegnet die Blondine: „Mit Ihnen rede ich doch gar nicht – ich meine den kleinen Drecksack, der auf Ihrem Knie sitzt!"

:-)

Ein Mann ruft zu Hause an. Der Sohn ist am Apparat.
„Gib mir doch bitte mal die Mama!"
„Geht nicht, die Mama liegt mit einem fremden Mann im Bett."
„Was? Dann gehst du jetzt zu meinem Schreibtisch,
holst die Pistole heraus und erschießt die beiden."
Der Junge geht vom Telefon weg, man hört zwei Schüsse,
dann meldet er sich wieder: „Und jetzt?"
„Jetzt wirfst du die beiden in den Swimmingpool."
„Aber wir haben doch gar keinen Swimmingpool!"
„Oh – da habe ich mich wohl verwählt ..."

Ein Rabbiner und ein Kardinal sitzen bei einem offiziellen Essen nebeneinander. Der Kardinal beobachtet, dass der Rabbiner das Fleisch auf seinem Teller liegen lässt, und fragt: „Rabbi, wann werden Sie endlich so tolerant sein können, dass Sie auch von diesem köstlichen Schweinebraten essen?" „Das", entgegnet der Rabbi, „wird an Ihrem Hochzeitstag sein, Eminenz!"

Der folgende Witz kommt aus Schweden. Er wurde 2009 von den Lesern von „Reader's Digest" zum besten Witz der Welt gewählt. Und auch ich bin der Meinung: Es hätte einen schlechteren treffen können!

Ein Städter fährt zur Entenjagd aufs Land. Als er eine Ente sieht, zielt er und schießt. Doch das Tier fällt auf den Hof eines Bauern, und der will die Beute nicht herausrücken. „Das ist mein Vogel", besteht der Städter auf seinem Recht. Der Bauer schlägt vor, den Streit so zu klären, wie es auf dem Lande üblich ist – mit einem Tritt in den Unterleib: „Und wer weniger schreit, kriegt die Ente." Der Städter ist einverstanden, der Bauer holt aus und tritt seinem Gegenüber mit voller Wucht in die Weichteile. Der bricht zusammen, bleibt minutenlang am Boden liegen, gibt aber keinen Mucks von sich. Dann rappelt er sich auf, holt aus und keucht: „Okay, jetzt bin ich dran!" „Nee", sagt der Bauer im Weggehen, „hier, nehmen Sie die Ente."

Ein Tscheche geht zum Augenarzt. Der hält ihm
eine Buchstabentafel vor die Augen, auf der geschrieben steht:
„C Z W X N Q Y S A T C Z."
Der Arzt fragt: „Können Sie das lesen?"
„Nicht nur lesen!", ruft der Tscheche erstaunt. „Ich *kenne* den Kerl!"

Ein Ehepaar liegt im Bett und unterhält sich. Die Frau fragt:
„Liebling, was würdest du tun, wenn ich sterbe?"
Der Mann ist überrascht: „Ich wäre natürlich extrem traurig.
Weshalb stellst du diese Frage?"
Die Frau fragt weiter: „Würdest du wieder heiraten?"
„Nein, natürlich *nicht*!"
„Bist du denn nicht gerne verheiratet?"
Der Mann wird leicht gereizt: „Natürlich bin ich das, Liebling!"
Aber die Frau lässt nicht locker:
„Und weshalb würdest du dann nicht wieder heiraten?"
„Okay, okay ... ich würde wieder heiraten!"
Gekränkt dreht sich die Frau zur Seite.
Nach einer Weile spricht sie ihren Mann noch einmal an:
„Würdest du mit ihr in *unserem* Bett schlafen?"
„Mhhh ... ja, ich nehme an, das würde ich tun ..."
„Aha! Und würdest du sie meine alten Sachen tragen lassen?"
„Wenn sie es will, warum nicht?"
„Wirklich!? Und würdest du meine Bilder abnehmen
und gegen ihre Bilder austauschen?"
„Ja, ich denke das wäre angemessen in diesem Fall!"
Die Frau springt wütend auf: „So!? Und ich nehme mal an,
du würdest sie auch mit meinen Golfschlägern spielen lassen!?"
„Natürlich *nicht*! Sie ist Linkshänderin!"

Ein Mann ist in den Rhein gefallen, rudert wie wild mit den Armen
und ruft immer wieder: „Hilfe, ich kann nicht schwimmen!
Ich kann nicht schwimmen!"
Ein Spaziergänger am Ufer hört das und ruft zurück:
„Na und? Ich kann auch nicht schwimmen,
aber ich mache deswegen doch nicht so ein Geschrei!"

Ein Mann erkundigt sich im Baumarkt an der Informations-Theke:
„Ich will meine Wohnung tapezieren. Sie ist 80 Quadratmeter groß,
bei einer Deckenhöhe von 2,50 Meter.
Wie viele Rollen brauche ich da?"
Der Mitarbeiter an der Info-Theke überlegt:
„Hm, meine Wohnung ist genauso groß,
ich hab beim letzten Mal 45 Rollen genommen."
Also kauft der Mann 45 Rollen Tapete.
Eine Woche später steht er wieder an der Info-Theke,
um sich zu beschweren: „Unsere Wohnungen sind gleich groß,
aber bei mir sind 25 Rollen übrig geblieben!
Das ist doch merkwürdig!"
„Finde ich nicht", erwidert der Mitarbeiter,
„bei mir war das nämlich genauso!"

Ein Mann kommt in eine Kneipe und sagt zum Wirt:
„Wenn ich dich verblüffen kann, zahlst du mir meine Zeche."
Der Wirt ist einverstanden, weil ihn so leicht nichts überrascht.
Der Gast macht seine Jacke auf: Ein 20 Zentimeter großes Männchen
hüpft heraus, verbeugt sich und sagt: „Grüß Gott,
mein Name ist Johannes Mario Simmel, ich bin Schriftsteller."
Der Wirt ist verblüfft: „Deine Zeche hast du dir verdient, aber:
Wo hast du den denn her?"
Der Gast antwortet: „Vor der Kneipe steht doch ein hohler Baum.
Da drin befindet sich eine Wunderlampe. Wenn du an ihr reibst,
erscheint ein Geist, der dir einen Wunsch erfüllt."
Gesagt, getan. Der Wirt geht zum Baum und probiert es aus.
Sofort erscheint ihm ein Geist, der ihn nach seinem Wunsch fragt.
Der Wirt überlegt und denkt sich:
„Na ja, reich sein, das wäre 'ne feine Sache."
So sagt er zum Geist:
„Ich wünsche mir zehn Millionen in kleinen Scheinen!"
Es blitzt, und im nächsten Moment laufen zehn Schweine
mit Zitronen im Maul vor dem Baum herum. Der Wirt kehrt stinksauer
in die Kneipe zurück und sagt zum Gast: „Du hättest mir schon sagen
können, dass dein Flaschengeist schlecht hört!
Ich wollte zehn Millionen in kleinen Scheinen, und was hab ich
bekommen? Zehn Zitronen in kleinen Schweinen!"
Darauf der Gast: „Na logisch ist der schwerhörig. Oder meinst du
etwa, ich hätte mir einen 20 Zentimeter langen Simmel gewünscht?"

Ich weiß, dieser Witz erfüllt nicht alle Kriterien, die ein „Witz fürs
Leben" erfüllen sollte: Er basiert auf ziemlich platten Wortspielen
und zielt außerdem noch unter die Gürtellinie. Aber ich finde ihn
trotzdem sehr lustig. Und wenn Sie nicht wollen, müssen Sie ihn ja
nicht weitererzählen …

Der Lieblingswitz von Simon Gosejohann

Simon Gosejohann (*1976) ist lustig. Simon Gosejohann provoziert. Simon Gosejohann reißt gern die Klappe auf. Und das mit großem Erfolg: In seiner preisgekrönten Show „Comedystreet" bringt er ahnungslose Passanten dazu, an ihrem Verstand zu zweifeln. Und in der Kult-Show „Elton vs. Simon" zeigt er, dass er eine Menge einstecken kann: Die meisten Wettbewerbe, die er gegen Elton bestreitet, würden vermutlich im wahren Leben von Amnesty International schonungslos angeprangert.

Simon Gosejohann zieht seine Komik daraus, Grenzen auszuloten und sich in vermeintlich aussichtslose Situationen zu begeben. Und darin ist ihm der Protagonist seines Lieblingswitzes durchaus ähnlich:

Ein Affe sitzt auf dem Stein.
Das Krokodil kommt vorbei und fragt: „Affe, was machst du hier?"
Da sagt der Affe: „Ich warte auf den Löwen.
Ich will dem mal so richtig auf die Schnauze hauen! Geil, oder?"
„Wow!", sagt das Krokodil und geht weiter.
Dann kommt das Zebra vorbei: „Affe, was machst du hier?"
Der Affe antwortet: „Ey, ich warte auf den Löwen.
Ich will dem mal so richtig die Schnauze polieren.
Rechts-links bamm bamm bamm!"
„Krass!", sagt das Zebra und geht weiter.
Schließlich kommt der Löwe vorbei und fragt:
„Na, Affe? Was machst du hier?"
Sagt der Affe: „Och, Löwe. Ich sitze hier auf
dem Stein und labere Scheiße."

Warum man Witze erzählt
(oder: Die Wirkung des Witzes)

Immer schon hat der Mensch gern gelacht. Na gut, vielleicht nicht immer schon – wer findet es schon lustig, wenn er aus dem Paradies vertrieben wird? Auch von den Neandertalern können wir nur vermuten, dass sie gern Spaß hatten. Wir kennen zwar Klassiker wie diesen:

Fragt der eine Neandertaler den anderen: „Haste mal Feuer?"
Sagt der andere: „Wie denn? Das ist doch noch gar nicht erfunden!"

Aber ob dieser Witz schon von damaligen Zeitgenossen erzählt wurde, darf ernsthaft bezweifelt werden. Spätestens seit den alten Griechen ist die Lust am Komischen jedoch zweifelsfrei belegt. Aristoteles soll sich im verschollenen zweiten Buch seiner „Poetik" explizit zur Komödie geäußert haben. Und auch von seinem Schüler Theophrast weiß man, dass er über das Lächerliche und über die Komödie nachdachte und schrieb. Die alten Griechen haben also gern gelacht – vielleicht ist diese über Jahrtausende weitergereichte Leichtigkeit einer der Gründe dafür, dass auch die heutigen Hellenen jede noch so heftige Staats- und Wirtschaftskrise mit Humor nehmen.

Auch im alten Rom haben sich die Menschen gern auf die Schenkel geklopft. Der große Cicero äußert sich ausführlich zum Thema Humor; und dank Asterix und Obelix wissen wir, dass es in der Zeit des Julius Cäsar jede Menge zu lachen gab (zumindest für die Gallier).

Im Mittelalter hielten sich Fürsten und Könige sogar eigene Hofnarren, deren Aufgabe es war, ihre Auftraggeber zu belustigen. Heutige Comedians sind ihre legitimen Erben, nur dass sie nicht mehr von Regenten bezahlt werden – mit Ausnahme der Witzfiguren, die bestimme Ministerposten bekleiden ...

Aber nicht nur über deutsche Politiker wird viel und gern gelacht. Auch die zehn erfolgreichsten Filme der deutschen Kinogeschichte sind fast ausschließlich Komödien (abgesehen vom „Schulmädchenreport", der heutzutage allerdings ebenfalls hauptsächlich Lachen hervorruft). Kein Wunder, dass der Witz auch heute noch zu den populärsten Erzählformen überhaupt gehört. Aber warum erzählen wir so gerne Witze?

ALLE AUGEN AUF MICH

Der Witz ist die vielleicht kompakteste Erzählform der Literatur. Ein Witz ist kurz, prägnant und im Idealfall sehr effektiv: Mit äußerst wenig Aufwand kann es gelingen, extrem viel Aufmerksamkeit zu erregen – versuchen Sie das mal mit anderen Mitteln! Das perfekte Beherrschen eines Instruments garantiert zwar auch einige Bewunderer, allerdings muss dafür eine Kindheit lang geübt werden, und am Ende ist man brillant, aber einsam – und das kann ja nicht Sinn der Sache sein! Jonglieren Sie? Beherrschen Sie Seiltanz? Sind Sie Zahnarzt? Schön, und wie lange haben Sie dafür arbeiten müssen? Sehen Sie! Dann doch lieber ein gepflegtes „Kennen Sie den?"! Wer möchte, dass man ihn vorteilhaft wahrnimmt, der geht also am besten den Weg über den erzählten Humor. Kaum eine Reaktion ist so positiv besetzt wie das Lachen. Darum steht derjenige, der andere Menschen zum Lachen bringt, automatisch in gutem Licht da. Ein guter und gut erzählter Witz rückt seinen Erzähler ins Rampenlicht und präsentiert ihn von der besten und angenehmsten Seite. Vielleicht ist die Möglichkeit, unabhängig von Fähigkeiten oder Äußerlichkeiten mit Humor die Aufmerksamkeit seiner Mitmenschen zu erzielen, sogar eine der stärksten Triebfedern für das Erzählen von Witzen. Der Witzeerzähler glänzt schlicht durch den Effekt seines Vortrags. Selbst wenn man klein, dick oder hässlich ist: Wenn man es geschickt anstellt, reicht ein gut erzählter Witz, und die Aufmerksamkeit des Umfelds ist einem sicher. Und wer weiß, ob Woody Allen, Helge Schneider oder Mr. Bean so lustig wären, wenn sie aussähen wie Richard Gere oder Brad Pitt? (Zugegeben: Brad Pitt hat keine hässliche Komikerin, sondern Angelina Jolie geheiratet, aber Ausnahmen bestätigen bekanntlich die Regel.)

HUMOR IST SEXY

Eine besonders beliebte Form der Aufmerksamkeit stellt diejenige der erotisch begehrten Geschlechtsgruppe dar. Der Witz als Aphrodisiakum – das kann durchaus funktionieren. Aber es ist wie mit allen Lustmachern: Die Dosierung muss stimmen. Was habe ich davon, wenn mich meine Liebste leidenschaftlich in den Arm nimmt, und ihr kommen dabei vier Kilo Austern hoch? Oder um beim Humor zu bleiben: Wenn sie mich mit Plüsch-Handschellen ans Bett fesselt und dann fragt: „Wie viele Ostfriesen braucht man, um eine Glühbirne einzuschrauben?"
Darum sollte man sein Gegenüber auch nicht stundenlang wahllos mit Witzen beschießen, sondern gezielt und dosiert perfekte Pointen setzen. Die dauergrinsende Spaßkanone im Fun-T-Shirt mit der Aufschrift „Sex instructor – first lesson free!", die mit Lachtränen in den eigenen Augen prustet: „Einen hab ich noch, pass auf ...", ist sicher nicht gemeint, wenn die lebenslustige, attraktive Akademikerin, 32, 168, 54, den Mann fürs Leben sucht, der vor allem eine wichtige Eigenschaft aufweisen sollte: Humor!
Wenn man übrigens den Kontaktanzeigen glauben darf, dann ist Humor sogar die wichtigste männliche Eigenschaft überhaupt.

Millionen-Immobilien? Brusthaar-Entfernung? Tantra-Seminar? Vergesst es, Männer! Bringt die Frauen zum Lachen, und sie gehören euch! Frauen lieben es, von Männern zum Lachen gebracht zu werden. Lachen ist eine instinktive Reaktion. Und derjenige, dem es gelingt, diese Instinkte zu wecken, ist definitiv auf dem richtigen Weg! Dem wird auch zugetraut, all die anderen Instinkte zu wecken. Wenn sie Spaß an deinen Ideen hat, will sie auch mehr Spaß mit dir haben. Also: Der richtige Witz zur richtigen Zeit kann erotisch Wunder bewirken. Das wissen besonders Pubertierende zu schätzen – sehr zur Beruhigung ihrer Eltern: Der 13-jährige Sohn irritiert die eigene Mutter mit einem Witzbuch auf dem Nachttisch sicherlich weit weniger als mit dem Ratgeber „Die 400 turbogeilsten Freiluft-Sexstellungen für bisexuelle Fußfetischisten".

THEMENWECHSEL

Aber ein Witz kann mehr, als Aufmerksamkeitsdefizite auszugleichen oder erotische Kontakte anzubahnen: Er kann auch ablenken. Viele peinliche, unangenehme oder auch traurige Situationen sind schon entschärft worden, weil sich einer traute, die beklemmende Stimmung zu durchbrechen und einen Witz zu erzählen. Jeder, der schon einmal bei einer Beerdigung war, kennt das von der anschließenden Kaffeerunde: Irgendwann beginnt jemand mit einer heiteren Anekdote und bringt die Anwesenden trotz ihrer beschwerten Seelen zum Lachen, und alle nehmen diesen Vorstoß dankbar zum Anlass, die Trauer kurzzeitig beiseitezulegen und sich auf leichtere Gesprächsthemen zu fokussieren.
In Film-Komödien haben die Protagonisten immer einen flotten Spruch zur Hand, wenn ihnen etwas zu Bruch geht, sie wieder einmal in ein Fettnäpfchen getreten sind oder sonst etwas Peinliches passiert. Leider sieht die Realität anders aus: Meistens gelingt es uns nicht, uns mit einem Scherz aus einer unangenehmen

Situation zu befreien. Oft liegt es schlicht daran, dass wir gerade nicht den passenden Witz zur Hand haben. Werden Sie also aktiv: Führen Sie das vorliegende Buch immer mit sich, und wenn Sie das nächste Mal versehentlich in die falsche Umkleidekabine stürmen, dann stammeln Sie nicht mit hochrotem Kopf rum, sondern schlagen Sie einfach kurz den entsprechenden Witz nach.

Der Spaß als Ablenkung – er wird nicht nur im wahren Leben angewendet, er ist auch oft Thema von Witzen. So funktioniert beispielsweise ein Großteil der „Liebhaber-im-Schrank"-Witze nach diesem Prinzip. Der vom Ehemann entdeckte und meist nackte Nebenbuhler rettet sich mit einem dummen Spruch aus der hochnotpeinlichen Situation:

Ehemann: „Was machen Sie in meinem Kleiderschrank?"
Liebhaber: „Hier soll es Motten geben. Ich bin der Kammerjäger!"
Ehemann: „Wieso haben Sie dann keine Klamotten an?"
Liebhaber: „Da können Sie mal sehen,
wie aggressiv die Viecher sind!"

Nicht jeder komische Protagonist hat die Fähigkeit, unangenehme Situationen mit einem Witz zu entschärfen. Und genau dieser Unfähigkeit wiederum Komik zu entlocken, das kann niemand so gut wie der unumstrittene Großmeister des deutschen Humors, Vicco von Bülow alias Loriot: Unzählige Male lässt er seine Figuren äußerst peinliche Szenen erleben, in die sie – ganz realistisch – mit vollem Ernst verstrickt sind. Das wiederum findet der Zuschauer lustig: Nachdem der „Herr im Außendienst" das ganze Zimmer verwüstet hat, fällt Loriots Figur als Entschuldigung genau das ein, was uns allen in dieser Situation eingefallen wäre: „Das Bild hängt schief." Wir lachen uns schlapp, aber dem armen Kerl hilft das auch nicht weiter!

MUT ZUR KRITIK

Ein Witz kann auch gesellschaftliche Funktionen erfüllen: Er kann Protest ausdrücken, Kritik bedeuten oder auf Missstände hinweisen. Auch diese Funktion hat Geschichte: Im Mittelalter war es nur den Hofnarren erlaubt, sich ungestraft über die Schwächen und Unzulänglichkeiten ihrer Herrscher lustig zu machen – sie besaßen „Narrenfreiheit". Für Aussagen, die andere mindestens ins Gefängnis gebracht hätten, wurde der Narr auch noch bezahlt und beklatscht.

In der Nazizeit gab es für die meisten Menschen nicht viel zu lachen. Dennoch kursierten hinter vorgehaltener Hand Witze über Hitler und sein Regime. In sogenannten Flüsterwitzen wurde verbotene Kritik geäußert und weitergereicht:

**Der perfekte Deutsche: groß wie Goebbels,
schlank wie Göring
und blond und blauäugig wie Hitler.**

Der kleinwüchsige Goebbels, der dicke Göring und der alles andere als „arisch" aussehende Hitler: Der Witz zeigt auf, dass die schrecklichen Despoten das selbst formulierte Ideal auf ganzer Linie verfehlt hatten: So konnte man lachen über das, was eigentlich Angst und Schrecken verbreitete.

Meines Erachtens hat der Witz heutzutage – zumindest in Deutschland – seine Funktion als politische Waffe oder als Werkzeug versteckter Kritik weitgehend eingebüßt. Es ist bei uns Gott sei Dank möglich, politische oder gesellschaftliche Missstände ganz offen zu kritisieren, ohne den Umweg über den subversiven Witz nehmen zu müssen. Niemand muss sich mehr verstecken, wenn er über die Regierung lachen will – es sei denn, er ist Mitglied derselben!

Doch egal, welche Macht von Witzen ausgehen kann, und egal, welche Ziele die jeweiligen Erzähler von Witzen vor Augen haben, eins vereint sie alle: Sie wollen unterhalten! Nicht mehr (oft) – und nicht weniger (immer)! Mit kaum einer anderen Erzählform ist dies so leicht und unkompliziert möglich wie mit dem Witz. Darum nehmet dieses Buch, gehet hinaus zu den Menschen und unterhaltet sie! Und wenn das Wetter schlecht ist: Lest und unterhaltet euch selbst!

Der Lieblingswitz von Ralf Schmitz

Er ist die eiserne Energiereserve der deutschen Comedy: Ralf
Schmitz (*1974) steht immer unter Strom! Er zappelt, redet, tanzt,
steppt und wackelt, dass es eine Freude ist. Der Bühnen- und
TV-Komiker legt Wert darauf, nicht nur mit Worten zu überzeugen,
sondern auch mit komischen Bewegungsabläufen und witzigen
Akrobatik-Einlagen. Und auch im Witz, den Ralf Schmitz mir
zur Verfügung gestellt hat, geht die Post ab: Da wird gezogen,
gehoppelt, abgeschnitten und gehauen ...

Die Tiere im Wald haben den letzten Musterungsbescheid
bekommen und wollen natürlich nicht hin.
Alle überlegen, wie sie sich drücken können.
Zuerst denkt der Hase nach und hat eine Idee. Er schneidet sich
seine langen Löffel ab und hoppelt los. Sofort wird er gefragt,
was denn mit seinen Ohren passiert sei. Der Hase antwortet:
„Unfall in der Kindheit. Da hat jemand zu doll dran gezogen."
Prompte Antwort: „Sie sind untauglich.
T5. Gehen Sie nach Hause."
Der Hase stürmt zurück in den Wald und schreit:
„Ich muss nicht zum Bund, ich muss nicht zum Bund."
Der Fuchs ist beeindruckt und grübelt, was *er* denn
tun könnte. Kurzerhand kupiert er sich den buschigen
Schwanz und stellt sich der Musterung.
„Was ist denn mit Ihnen passiert?"
„Tja, Geburtsfehler", antwortet der Fuchs.
„Nach Hause. T5."

Auch der Fuchs rennt so schnell er kann zurück in den Wald und brüllt: „Ich muss nicht zum Bund, ich muss nicht zum Bund." Schließlich ist der Bär an der Reihe. Er denkt und denkt und überlegt und überlegt ... einen buschigen Schwanz hat er nicht. Lange Löffel auch nicht. Da hat er die rettende Idee. Er entschließt sich, sich einen großen, schweren Stein in die Schnauze zu rammen und damit seine Raubtierzähne auszuschlagen. Gesagt, getan – und ab zur Musterung.

Auch der Bär kommt wenig später freudestrahlend zurück in den Wald gerannt und verkündet überglücklich: „Iff muff auch niff fum Bund, iff muff auch niff fum Bund. Iff bin nämlich fu dick und fu schwer!"

Viele Witze, die sich auf Promis beziehen, haben eine geringe Halbwertszeit (je nach Bekanntheitsgrad der Prominenten, die im Witz auftauchen). Darum sind die wenigsten Promi-Witze als „Witze fürs Leben" geeignet. Aber der folgende ist so komisch, dass es sich lohnt, die Namen alle paar Jahre zu aktualisieren und so dem Witz die ihm gebührende Haltbarkeit zu verleihen!

Brad Pitt, Johnny Depp und Dieter Bohlen sterben bei einem Unfall und kommen in den Himmel. Dort sagt Petrus zu ihnen:
„Wir haben eine einzige Regel hier im Himmel:
Nicht auf die Enten treten!"
Und tatsächlich: Überall im Himmel laufen Enten herum. Es ist nahezu unmöglich, nicht auf eines der Tiere zu treten, und obwohl die drei Männer ihr Bestes geben, um das zu vermeiden, dauert es nicht lange, und Brad Pitt tritt auf eine Ente. Petrus kommt mit der hässlichsten Frau, die er je gesehen hat, zu Brad Pitt, kettet die beiden aneinander und sagt: „Zur Strafe, dass du auf eine Ente getreten bist, wirst du den Rest der Ewigkeit an dieses hässliche Weib gekettet verbringen!"
Am nächsten Tag tritt Johnny Depp auf eine Ente, und Petrus, dem nichts entgeht, eilt herbei und mit ihm eine andere extrem hässliche Frau. Er kettet sie mit derselben Bemerkung wie bei Brad aneinander. Dieter Bohlen hat dies alles beobachtet und achtet sorgfältig darauf, wohin er tritt, damit ihn nicht dasselbe Schicksal ereilt. Er bringt es fertig, monatelang umherzugehen, ohne auf eine einzige Ente zu treten. Eines Tages kommt Petrus zu ihm mit der überwältigendsten Frau, die er je gesehen hat: eine große, gebräunte, kurvige sexy Brünette. Petrus kettet sie wortlos aneinander.
Dieter Bohlen versteht die Welt nicht mehr:
„Megageil! Wieso hab ich das Glück und werde für den Rest der Ewigkeit mit so einer tollen Frau verbunden?"
Da sagt die Frau: „Das kann ich dir sagen:
Ich bin auf eine Ente getreten!"

[ha.'ha]

Ein Mann kommt zur Wahrsagerin und setzt sich vor die Kristallkugel.
„Wie ich sehe, sind Sie Vater von zwei Kindern", sagt die Wahrsagerin.
„Das glauben *Sie*!", erwidert er. „Ich bin Vater von *drei* Kindern."
Die Wahrsagerin lächelt und antwortet: „Das glauben *Sie*!"

Der amerikanische Präsident besucht ein deutsches Stahlwerk.
Plötzlich geht er auf den Arbeiter Werner Koslowski zu und begrüßt
ihn herzlich wie einen Freund. Alle staunen.
Werner erklärt: „Wir kennen uns noch von früher!"
Ein paar Monate später kommt der russische Präsident in das
Stahlwerk, und auch er begrüßt Werner Koslowski aufs Herzlichste.
Werner ist sehr stolz auf seine berühmten Freunde.
Der Vorarbeiter traut seinen Augen nicht.
Werner lächelt nur: „Ob du es glaubst oder nicht,
aber ich bin auf der ganzen Welt bekannt!"
Das hält der Vorarbeiter für maßlos übertrieben:
„Aber den Papst kennst du nicht, wetten?"
Werner zuckt die Schultern.
„Natürlich kenne ich den, wir sind Golfpartner."
Das glaubt der Vorarbeiter nicht und wettet mit Werner,
dass der Papst ihn nicht kennt.
Die Wette gilt und die beiden reisen in den Vatikan.
Während des Gottesdienstes schleicht sich Werner davon.
Kurz darauf kommt er zurück, Seite an Seite mit dem Papst.
Da wird der Vorarbeiter von zwei japanischen Touristen angesprochen,
die auf die beiden zeigen: „Wer ist denn der Typ da?"
„Das ist Werner Koslowski ..."
„Schon klar – wir meinen den anderen,
den mit der hohen Mütze und dem Hirtenstab!"

Golf ist zwar längst nicht mehr so elitär wie noch vor einigen Jahren, aber dennoch ist Golfspielen weit davon entfernt, ein Breitensport zu sein. Im Vergleich zum Anteil an aktiven Golf-*Spielern* in der deutschen Bevölkerung ist der Anteil an Golf-*Witzen* unverhältnismäßig hoch. Der Grund liegt auf der Hand: Der Golfsport und das ganze Drumherum bieten eine Menge herrlicher Klischees, und mit einem der bekanntesten Klischees spielt der folgende Witz:

Auf dem Golfplatz ist wenig los, als ein Spieler am zweiten Loch bewusstlos zusammenbricht. Der erschrockene Partner sieht sich ratlos um, findet aber niemanden, der ihm helfen kann.
Als er schließlich mit dem ohnmächtigen Mann über der Schulter ins Clubhaus kommt, springen alle Anwesenden auf.
„Hut ab", ergreift einer das Wort, „Sie haben Ihren Kameraden den ganzen Weg allein getragen!"
„Das war nicht das Schlimmste", antwortet der Ankömmling, „aber 16 Löcher lang jedes Mal abladen, schlagen, wieder aufladen ..."

Das Klischee lautet hier: Ein Golfer lässt sich durch nichts von der Ausübung seines Sports abbringen – komme was da wolle, wie auch der folgende Witz zeigt:

Zwei Golfer spielen am Rande des Platzes, als sie 200 Meter entfernt auf dem Parkplatz eine Trauergemeinde vorbeiziehen sehen. Der eine Golfer nimmt die Mütze ab und neigt respektvoll den Kopf.
Sein Mitspieler staunt:
„Ich wusste gar nicht, dass du so pietätvoll bist!"
Da entgegnet der andere: „Ich finde das schon okay, schließlich war ich 27 Jahre mit ihr verheiratet!"

Ein Mann geht durch den Wald.
Da kommt plötzlich ein Räuber hinter einem Baum hervor und brüllt:
„Geld oder Leben!"
Der Mann antwortet: „Ich habe aber gar kein Geld."
Daraufhin sagt der Räuber: „Dann gib mir deine Armbanduhr."
Der Mann erwidert: „Ich habe auch keine Armbanduhr."
Der Räuber überlegt kurz, springt dem Mann auf den Rücken und sagt:
„Dann trägst du mich halt ein Stückchen!"

Ein Hamburger kommt am Münchner Hauptbahnhof an
und entdeckt zwei Urbayern in Krachledernen. Er spricht sie an:
„Moin, moin, wo ist denn hier das Hofbräuhaus?"
Keine Antwort.
Er versucht es in einer anderen Sprache:
„Excuse me, where is the Hofbräuhaus?"
Wieder keine Antwort.
„Excusez-moi, messieurs, où se trouve la maison de Hofbräu?"
Schweigen.
Der Hamburger wird langsam ärgerlich. Er versucht es in 15 weiteren
Sprachen, doch nachdem er am Ende sogar mit Hebräisch erfolglos
bleibt, gibt er auf und geht wütend weg.
Da sagt der eine Bayer zum anderen: „Du, hast g'hört, wie viele
Fremdsproch'n der hat kenna?"
„Jo mei", antwortet der andere, „aber hat's ihm was g'nutzt?"

Ein schwarz gekleideter Mann klopft an die Himmelstür.
Petrus öffnet und fragt: „Warst du jemals ungerecht?"
„Ja, ich war Fußball-Schiedsrichter", meint der Mann,
„und ein einziges Mal habe ich einen Fehler gemacht:
Bei einem Spiel Italien gegen England habe ich Italien
einen unberechtigten Elfmeter zugesprochen."
„Wie lange ist das her?"
„Etwa 30 Sekunden!"

Zwei Reisende sitzen in einem Zugabteil und schweigen.
Plötzlich spuckt der eine dem anderen haargenau am rechten Ohr
vorbei und sagt: „Gestatten, Brindöpke, Kunst-Spucker."
Daraufhin rotzt der andere seinem Gegenüber mitten ins Gesicht
und sagt freundlich: „Angenehm, Kratzenberg, Religionslehrer!"

Gerne lachen wir über Witze, in denen Autoritäten untergraben werden: Darum sind vermeintliche Respektspersonen wie Polizisten, Politiker, Pfarrer oder Eltern beliebte Angriffsziele vieler Witze. Auch Lehrer gehören zu dieser Gruppe, und bei ihnen macht es besonders viel Spaß, wenn sie von ihren eigenen Schülern eins auf den Deckel bekommen!

Die Lehrerin hat ein neues System entwickelt, wie sie ihre Schüler dazu bringt, am Wochenende etwas zu lernen. Am Freitagmittag, in der letzten Stunde, sagt sie: „Liebe Schüler: Wer mir am Montag eine von mir gestellte Frage beantworten kann, bekommt zwei Tage frei."

Die Kinder büffeln das ganze Wochenende hindurch.

Dann ist es so weit: Montag, erste Stunde.

Die Lehrerin baut sich vor der Klasse auf:

„Nun, meine Frage: Wie viele Bäume stehen im Schwarzwald?"

Betretenes Schweigen. Niemand weiß es.

Freitags darauf, in der letzten Stunde, wiederholt sie das Spiel:

„Liebe Schüler: Wer mir am Montag eine von mir gestellte Frage beantworten kann, bekommt zwei Tage frei."

Alle lernen wieder fleißig, bis auf Tim, der faulste Schüler in der Klasse. Der kommt am Montag in die Schule und schlägt ein rohes Ei auf dem Lehrerpult auf.

Als die Lehrerin die Klasse betritt, fällt ihr Blick sofort auf das Lehrerpult. Sie schreit: „Wer war das?"

Tim springt auf: „Ich! Tschüs, bis Mittwoch!"

Der Lieblingswitz von Olli Dittrich

Der Ausnahmekomiker Olli Dittrich (*1956) gönnt sich den Luxus, nur solche Projekte anzunehmen, die er wirklich machen möchte. Die Folge: Alles, was er mit der für ihn so typischen Akribie und Leidenschaft anpackt, setzt umgehend neue Qualitätsstandards im jeweiligen Genre. Das gilt für seine fast 20 Jahre alte, bis heute unübertroffene „RTL Samstag Nacht"-Parodie von Franz Beckenbauer, und auch mit seinen Grimme-Preis-gekrönten TV-Highlights wie „Blind Date" und „Dittsche" steht Olli Dittrich für komische Spitzenklasse. Und der Lieblingswitz von Olli Dittrich erfüllt ebenfalls die höchsten Erwartungen – zumindest meine:

Das berühmte Unterhaltungsorchester „James Last" sucht einen neuen Solotrompeter. Höchste Spielkunst ist gefragt, das Niveau der Orchestermusiker aus aller Herren Länder ist schließlich seit Jahrzehnten Weltklasse. Also wird ein Vorspieltermin ausgeschrieben: Samstag, 15 Uhr, Royal Albert Hall in London, Kleiner Saal. Pünktlich auf die Minute öffnet sich die Tür, ein Mann mit Aussehen und Charme eines George Clooney, gekleidet in einen 8000-Dollar-Anzug und bewaffnet mit einem Trompetenkoffer aus handgeklöppeltem Kaiman-Leder, betritt beschwingt den Raum. Nachdem er jeden der etwa 30 Musiker in der jeweiligen Landessprache höflich und absolut akzentfrei begrüßt hat, offeriert ihm James Last eine Auswahl an Orchesterstücken, aus der er sich eines zum Vorspielen aussuchen darf. Der Mann wählt gezielt eine ihm gänzlich unbekannte, noch dazu hoch komplizierte Rumba mit schwierigen Solostellen und verzichtet zusätzlich auf die Vorlage der Noten. Sodann öffnet er seinen Koffer, holt eine etwa 40.000 Dollar teure Trompete aus purem Gold hervor und legt „aus der Hüfte" ein absolut brillantes Vorspiel hin, mit perfektem Timing, wundervollem Ton und ohne sich ein einziges Mal zu verspielen. Das Orchester ist sprachlos. Auch Last, der alte Haudegen, traut seinen Ohren nicht. So etwas hat er noch nie erlebt. Er bittet den Mann dennoch, sich im Vorraum noch ein wenig zu gedulden, es seien noch zwei andere Bewerber eingeladen, die wolle man der Fairness halber noch vorspielen lassen. Trompeten-Clooney willigt höflich ein, verabschiedet sich mit überschwänglichem Dank, hier einmal vorgespielt haben zu dürfen, und verlässt federnden Schrittes den Saal. Nun betritt ein unscheinbarer Herr mittleren Alters in Jeans, Oberhemd, Lederschlips und Leinensakko den Raum. Er sieht ein wenig aus wie Heribert Faßbender, wirkt aber freundlicher. Sprachlich etwas unbeholfen, bedauert er in schlechtem Englisch mit flämischem Akzent, sich verspätet zu haben, berichtet dann aber sehr nett von seinem langjährigen Engagement beim Feuerwehrorchester in Maastricht und in Brügge. Da er sehr aufgeregt ist, bittet er zunächst um eine nicht allzu schwierige Notenauswahl, entscheidet sich für die „Non-Stop-Dancing"-Fassung von „Waterloo" und bläst sich auf seiner ordentlich gepflegten Trompete mit zwei, drei kleineren Fehlern durchaus sehr anständig über die Runden. Gehobenes Niveau, gar keine Frage.

„Gut, gut, fürs Erste", kommentiert der weltgewandte Bandleader Last und bittet auch ihn, sich im Vorraum zu gedulden, da man den dritten Kandidaten noch vorspielen lassen und dann eine Entscheidung verkünden wolle.

Kaum ist der Mann draußen, entsteht große Unruhe vor dem Saal. Mit Schmackes wird schließlich die Saaltür aufgeworfen, die durch die große Wucht sofort aus den Angeln gehoben wird und unter infernalischem Poltern zu Bruch geht. Ein heruntergekommenes, stinkendes, unrasiertes Individuum, bekleidet mit einem dreifarbigen Jogginganzug aus Ballonseide-Imitat, knattert auf einem Kinderroller und mit Plastiktüte unterm Arm einhändig lenkend durch das Tor Richtung Bühne, schafft es aber nicht, rechtzeitig zu bremsen und reißt zur Begrüßung das Dirigentenpult inklusive der ersten Streicherreihe zu Boden. Aus seiner Plastiktüte holt der renitente Kerl dann eine Kindertrompete hervor, an deren Ende ein verbeulter Haushaltstrichter montiert ist und der ein durchgebohrter Plastik-Sektkorken als Mundstück dient. In undefinierbarem Slang fordert der Rüpel das total verängstigte Orchester auf, sofort „Happy Birthday" in C-Dur anzustimmen, und spielt dazu auf seiner Trompeten-Konstruktion den allergrößten, unglaublichsten, ekelhaftesten Schrott vor, den man je gehört hat. Diesen Mann haben sie nicht genommen.

Zwei Jäger machen Urlaub in Kanada, um Elche zu jagen.
Sie lassen sich mit einem kleinen Flugzeug in der Wildnis absetzen.
Der Pilot informiert sie darüber, dass sie auf dem Rückflug nur einen
erlegten Elch mitnehmen können, da das Flugzeug sonst zu schwer
wäre und bei der kurzen Startbahn nicht mehr starten könne.
Als der Pilot die beiden Jäger am nächsten Tag abholen will, muss er
feststellen, dass die beiden Jäger zwei Elche geschossen haben.
„Ich habe doch gesagt, wir können nur einen Elch mitnehmen",
schimpft er. Darauf entgegnet einer der Jäger:
„Wir waren letztes Jahr auch hier, und damals hat der Pilot
auch gesagt, das wir nur einen Elch mitnehmen könnten.
Aber gegen eine zusätzliche Zahlung war er dann doch bereit,
beide Elche mitzunehmen."
Der Pilot überlegt, dass er das Geld eigentlich gut gebrauchen
könnte. Und wenn der Pilot es letztes Jahr geschafft hat, zwei Elche
zu transportieren, dann kann er das auch. Also nimmt er das Geld,
packt beide Elche ein und startet. Das Flugzeug beschleunigt auf der
Startbahn, aber es hebt nicht ab. Im letzten Moment schaffen sie es
doch noch und fliegen über ein paar kleinere Bäume hinweg.
Doch dann geraten ein paar höhere Bäume in ihre Flugbahn
und der Flieger stürzt ab.
Nachdem die drei aus dem Wrack gekrabbelt sind,
fragt einer der Jäger: „Wo sind wir?"
Darauf antwortet der zweite:
„Etwa zehn Meter weiter als letztes Jahr."

Ein Blinder kommt in eine Bar und sagt: „Hey Leute, soll ich euch einen Witz erzählen? Also, ein Bodybuilder ..."
Sofort fällt ihm der Barkeeper ins Wort:
„Freundchen, bevor du deinen Witz erzählst, möchte ich dich nur darauf hinweisen, dass hinter dir ein Bodybuilder steht und neben dir ein Bodybuilder sitzt. Ich bin übrigens auch Bodybuilder! Möchtest du deinen Bodybuilderwitz also immer noch erzählen?"
Daraufhin der Blinde:
„Nein! Ich hab keine Lust, ihn dreimal zu erklären."

Ein neuer Tierarzt ist im Dorf. Eines Tages erscheint er beim Bauern auf dem Hof und behauptet, er könne mit den Tieren sprechen.
Der Bauer lacht sich darüber kaputt, während sich der Tierarzt schon mit der Kuh unterhält.
„Na, was hat sie denn gesagt?", will der Bauer grinsend wissen.
„Sie hat gesagt, dass der Melker viel zu raue Hände hat und ihr schon die Zitzen schmerzen."
Der Bauer sieht sich das Euter an, und tatsächlich:
Die Zitzen sind entzündet.
Nun geht der Tierarzt zu dem Pferd des Bauern und erkundigt sich nach dessen Wohlbefinden.
„Na, was sagt der Gaul?", fragt der Bauer, schon etwas verunsichert.
„Er sagt, sein rechter hinterer Huf schmerzt.
Er meint, das Hufeisen sei wohl locker."
Der Bauer sieht nach, und tatsächlich: Das hintere Hufeisen muss dringend erneuert werden. Währenddessen begibt sich der Tierarzt zum Ziegenstall. Als der Bauer das sieht, rennt er hinterher, hält den Tierarzt am Ärmel fest und ruft:
„Die Ziege lügt! Und außerdem war ich betrunken!"

In einem Park stehen sich eine männliche und eine weibliche Statue seit über 100 Jahren nackt gegenüber. Eine gute Fee sieht die beiden, bekommt Mitleid mit ihnen und sagt: „Ich werde euch für 20 Minuten lebendig machen, und ihr könnt in der Zeit das tun, was ihr schon seit 100 Jahren tun wollt!"

Glücklich hüpfen die beiden von ihren Sockeln und verschwinden im Gebüsch. Dort hört man sie fröhlich kichern. Nach 20 Minuten stellen sich beide wieder brav auf ihre Sockel.

Die Fee ist beeindruckt von so viel Pünktlichkeit und Disziplin: „Ihr seid ja richtig zuverlässig! Zur Belohnung schenke ich euch nächste Woche noch einmal 20 Minuten!"

„Da freue ich mich schon drauf", sagt die weibliche Statue zur männlichen, „und dann machen wir es umgekehrt: *Du* hältst die Taube fest und *ich* scheiße ihr auf den Kopf!"

Zwei Fallschirmspringer sollen zum ersten Mal allein abspringen.
Der Übungsleiter erklärt noch einmal den üblichen Ablauf:
„Der Fallschirm öffnet sich von selbst, sobald Sie an der rechten Schnur ziehen. Sollte er wider Erwarten nicht aufgehen, müssen Sie an diesem Ring ziehen. Das funktioniert immer. Falls nicht, ziehen Sie an dem kleinen Ring darunter – dann öffnet sich der Notfallschirm. Unten stehen dann zwei Jeeps, die Sie zum Flughafen zurückbringen."
Die beiden springen aus dem Flugzeug.
Im freien Fall ziehen sie an der rechten Schnur. Nichts passiert.
Sie ziehen am Ring. Der Fallschirm bleibt zu.
Sie ziehen am kleinen Ring. Es geschieht nichts.
Ungebremst fallen sie weiter. Da sagt der eine Springer zum anderen:
„Wollen wir wetten: Die Jeeps sind auch nicht da."

Ober-Witze stehen normalerweise ganz oben auf der Liste derjenigen Witze, die niemand mehr hören will. Zahllose Fliegen in der Suppe, Spinnen am Tellerrand oder Schnitzel, die zufällig unter einem Salatblatt gefunden wurden, haben über die Jahrzehnte das Genre des Kellner-Witzes bis zur Neige ausgelutscht. Und doch gibt es sie noch: die überraschenden, lustigen und noch nicht allzu bekannten Ober-Witze! Man muss sie nur finden – zum Beispiel hier:

Der Gast ruft den Kellner:
„Herr Ober, probieren Sie bitte mal meine Suppe!"
„Ist sie nicht in Ordnung?"
„Probieren Sie mal!"
„Ich kann Ihnen einfach eine neue Suppe bringen!"
„Probieren Sie!"
„Hier ist die Speisekarte. Möchten Sie vielleicht etwas anders auswählen?"
„Probieren!"
Also setzt sich der Kellner zum Gast an den Tisch und sagt:
„Wo ist der Löffel?"
„Aha!"

Zwei Polizeibeamte finden vor einem Gymnasium eine Leiche.
Einer von ihnen will die Tatortbeschreibung aufnehmen und fragt seinen Kollegen: „Wie schreibt man denn ‚Gymnasium'?"
Der andere überlegt kurz und sagt dann: „Komm, wir schleppen ihn einfach vor die Post!"

Ein Psychologe testet einen Patienten.
Er zeichnet ein kleines Viereck auf ein Stück Papier und fragt:
„Was ist das?"
Der Patient muss nicht lange nachdenken:
„Ein Zimmer mit einer nackten Frau drin!"
Der Psychologe zeichnet ein größeres Viereck:
„Und das?"
Der Patient stöhnt:
„Das ist ein großes Zimmer mit zwei nackten Frauen drin!"
Der Psychologe zeichnet ein noch größeres Viereck:
„Und was sehen Sie jetzt?"
„Oh, das ist ein Saal voller nackter Frauen!"
„Klarer Fall. Sie haben eine typische Sexualneurose",
diagnostiziert der Psychologe.
Da springt der Patient auf:
„Bitte? *Ich* soll eine Sexualneurose haben?
Sie malen doch die ganzen Schweinereien!"

Zwei Rostocker treffen sich:
„Wie geht es dir? Was machst du?"
„Ich arbeite jetzt in einer Gärtnerei."
„Und deine Frau?"
„Die putzt."
„Und deine Tochter?"
„Die arbeitet als Friseuse."
„Und davon könnt ihr leben?"
„Wo denkst du hin! Nein! Aber zum Glück ist mein Sohn arbeitslos!"

Ein 16-Jähriger kommt in eine Apotheke und stammelt schüchtern, dass er sich heute erstmals mit einem Mädchen treffe und etwas Gewisses brauche.

Der Apotheker lächelt verständnisvoll: „Du meinst ein Kondom!"

„Ja, und außerdem ist ihre Mutter auch sehr hübsch, und ..."

„Brauchst du zwei?"

Der Junge nickt, und der Apotheker verkauft dem Knaben mit jovialem Zwinkern die beiden Präservative.

Abends sitzt der Junge am Abendbrottisch mit dem Mädchen und ihren Eltern. Während des Essens schaut der Junge nur nach unten und hält sich die ganze Zeit den Arm vors Gesicht. Nach dem Essen schimpft die Freundin mit ihm: „Hätte ich gewusst, dass du so unhöflich bist, hätte ich dich nicht eingeladen!"

Da antwortet der Junge: „Ich wäre auch nicht gekommen, wenn ich gewusst hätte, dass dein Vater Apotheker ist!"

Eine junge Frau geht im Supermarkt einkaufen und legt an der Kasse folgende Waren auf das Band: eine Tiefkühlpizza, einen halben Liter Milch, zwei Rollen Klopapier, einen Joghurt.

Der Kassierer schaut sie an und meint:

„Single, wie?"

Die Frau ist verblüfft:

„Wie haben Sie das herausgefunden?"

„Ja, schauen Sie sich doch mal an – potthässlich wie Sie sind!"

Ein junger Mann möchte Mönch werden und bewirbt sich in einem Kloster. Der Abt heißt ihn willkommen, warnt ihn aber: „Überlegen Sie es sich gut. Wir sind Trappisten und dürfen überhaupt nicht reden. Sie dürfen nur alle fünf Jahre zu mir kommen und zwei Worte sagen!"
Der junge Mann ist einverstanden und zieht ins Kloster.
Nach fünf stummen und entbehrungsreichen Jahren geht der Mönch zum Abt und wagt es, zwei Worte zu sprechen: „Harte Betten!"
Der Abt erwidert: „Hmmmmm."
Nach weiteren fünf Jahren spricht der Mönch erneut zum Abt: „Schlechtes Essen!"
Der Abt scheint das genauso zu sehen: „Hmmmmm."
Noch mal fünf Jahre später entscheidet der Mönch: „Ich gehe!"
Darauf der Abt: „Das habe ich erwartet. Seit Sie hier sind, sind Sie nur am Meckern!"

Es gibt nichts, worüber es keine Witze gibt: Männer, Frauen, Berufe, Religionen, Sport, Musik, Tiere, Ängste, Schiffe und Schränke (zumindest, wenn sich Liebhaber darin verstecken). Auch der Witz selbst kann Thema eines Witzes sein. Wie in folgendem Beispiel:

Karl wird von einem Kollegen gefragt:
„Wie viele Brötchen kannst du auf nüchternen Magen essen?"
Karl überlegt: „Vier?"
„Nein, eins! Denn dann bist du ja nicht mehr nüchtern!"
Karl ist begeistert und probiert die Frage bei einem anderen Kollegen aus: „Wie viele Brötchen kannst du auf nüchternen Magen essen?"
Der Kollege meint: „Hm ... drei?"
„Schade, hättest du vier gesagt, hätte ich einen schönen Witz gewusst!"

[ha.'ha]

Der Lieblingswitz von Martina Hill

Wenn von lustigen Frauen im deutschen Fernsehen die Rede ist,
dann kommt man an ihr nicht vorbei: Martina Hill (*1974), die
geniale Parodistin. In der TV-Show „Switch reloaded" schlüpft sie
in die verschiedensten Rollen und füllt diese perfekt aus. So treibt
sie als Heidi Klum, Angela Merkel oder „Tokio-Hotel"-Sänger Bill
Kaulitz deren Marotten und Eigenarten auf die Spitze, während sie
uns in der „heute-show" Woche für Woche als Statistik-Expertin
Tina Hausten zum Lachen bringt.
Martina Hill ist für ihre Leistungen im komischen Fach völlig zu
Recht mit dem Grimme-Preis, mehreren deutschen Fernseh- und
noch mehr Comedy-Preisen ausgezeichnet worden. Doch was
findet die Comedy-Königin privat lustig? Voilà, darüber lacht
Martina Hill, wenn sie einfach nur Martina Hill ist:

Ein Pudel und ein Labrador treffen sich im Park.
Der Pudel fragt den Labrador:
„Mensch, du siehst ja richtig schlecht aus. Geht's dir nicht gut?"
Der Labrador antwortet:
„Nee, hör bloß auf! Ich hab voll die Krise."
„Ja, dann geh doch mal zu einem Therapeuten!", rät ihm der Pudel.
„Nee, das geht nicht", antwortet der Labrador.
„Warum denn nicht?"
„Na, ich darf doch nicht auf die Couch."

Der Bischof besucht einen Dorfpastor. Bei der Führung durch das
Pfarrhaus erlebt er eine Überraschung: Im Schlafzimmer steht ein
Doppelbett. Erstaunt fragt der Bischof: „Wer schläft denn da drin?"
„Ich natürlich", sagt der Pastor, „und meine Haushälterin."
Der Bischof ist entrüstet: „In einem Ehebett?"
„Ja", sagt der Pastor", „aber wir klemmen jeden Abend
ein Bügelbrett in die Spalte zwischen den Betten!"
„Und was tun Sie, wenn die Versuchung Sie trotzdem überkommt?"
„Dann nehmen wir das Brett weg!"

Ein einsamer Mann ist auf der Suche nach einem Kameraden
und kauft sich daher einen Tausendfüßler. Er trägt ihn in einer Kiste
nach Hause und fragt ihn dann:
„Möchtest du mit mir ins Kino gehen?"
Keine Antwort.
Ein paar Minuten später fragt er den Tausendfüßler
in seiner Kiste noch einmal:
„Möchtest du mit mir ins Kino gehen?"
Wieder keine Antwort.
Nach zwei Stunden beschließt der Mann,
dem Tausendfüßler eine letzte Chance zu geben.
Er geht ganz nah an den Karton ran und schreit:
„Möchtest du mit mir ins Kino gehen?"
„Ich habe dich schon beim ersten Mal verstanden",
hört er aus der Kiste, „ich ziehe mir nur gerade die Schuhe an!"

Eine geistliche Schwester spricht im Religionsunterricht
über die hohe Würde und Ehre des Priestertums.
Eine kleine Schülerin fragt:
„Müssen Priester denn auch aufs Klo?"
Die Nonne wird rot, zögert und sagt dann:
„Ja – aber nicht so oft!"

Ein Einbrecher dringt nachts in eine Wohnung ein.
Er hat gerade ein Mobiltelefon eingesteckt, als er eine Stimme hört:
„Jesus sieht alles!"
Der Einbrecher erschrickt und schaltet seine Taschenlampe aus.
Er wartet eine Weile ab. Als er nichts mehr hört, schüttelt er den Kopf,
macht die Lampe wieder an und sucht weiter. Während er den DVD-
Player ausbaut, hört er wieder eine Stimme:
„Jesus sieht alles!"
Erschrocken leuchtet der Einbrecher in die Richtung, aus der die
Stimme kam: Dort sitzt in einem Vogelbauer ein Papagei.
„Hast du das eben gesagt?", fragt der Einbrecher.
Der Papagei sagt: „Ja, ich habe nur versucht, dich zu warnen!"
Der Einbrecher lacht: „Mich warnen? Wer zum Teufel bist du?"
„Ich heiße Moses", antwortet der Vogel.
Jetzt muss der Einbrecher noch mehr lachen:
„Was für Leute nennen ihren Papagei denn Moses?"
„Die gleichen Leute, die ihren Rottweiler Jesus nennen!"

Ein LKW-Fahrer fährt über die Landstraße, als er am Straßenrand ein
kleines rotes Männchen stehen sieht. Er hält an und fragt:
„Wer bist du denn?"
Das kleine rote Männchen antwortet:
„Ich komme vom Planeten Jupiter, bin schwul und habe Hunger!"
„Ich kann dir leider nur ein Brötchen geben", erwidert der LKW-Fahrer,
gibt dem Kleinen ein Brötchen und fährt weiter.
Ein paar Kilometer weiter steht ein kleines blaues Männchen
an der Straße. Der LKW-Fahrer hält wieder an und fragt:
„Wer bist du denn?"
Das kleine blaue Männchen sagt:
„Ich komme vom Planeten Merkur, bin schwul und habe Durst!"
Der LKW-Fahrer gibt dem kleinen blauen Männchen
seine Thermoskanne mit Kaffee und fährt weiter.
Schließlich sieht er ein kleines grünes Männchen
am Straßenrand stehen und fragt:
„Na, du kleines grünes schwules Männchen?
Was kann ich dir denn geben?"
„Führerschein und Fahrzeugpapiere, bitte!"

🙂

Ein Mann sitzt in einem Zugabteil und packt sein Obst aus:
Bananen, Äpfel, Birnen, Apfelsinen. Er schält das Obst,
schneidet es klein, öffnet das Fenster und wirft es raus.
Ein Mitreisender hat das beobachtet und fragt nun verwundert:
„Was machen Sie denn da?"
„Ich mache Obstsalat", antwortet der Mann.
„Aber warum werfen Sie das alles aus dem Fenster?"
„Ich mag keinen Obstsalat!"

Ein Wunderheiler tritt auf dem Jahrmarkt auf. Vor seinem Zelt stehen Hunderte von neugierigen Zuschauern. Der Wunderheiler ruft:
„Verehrtes Publikum! In letzter Zeit wurde immer wieder behauptet, dass ich ein Scharlatan sei und gar keine Wunder vollbringen könne.
Heute will ich Ihnen das Gegenteil beweisen!
Ich brauche zwei Freiwillige!"
Die beiden sind schnell gefunden: Martin, ein Mann, der sich nur mühsam mit Krücken fortbewegen kann, und Sebastian, ein Stotterer.
Der Wunderheiler sagt: „Ich werde euch nun von euren Leiden heilen", schickt die beiden hinter einen Vorhang und beginnt mit seiner Nummer. Er ruft: „Martin, wirf deine linke Krücke weg!"
Eine Krücke fliegt über den Vorhang. Das Publikum applaudiert.
Der Wunderheiler fährt fort: „Wirf jetzt deine rechte Krücke weg!"
Die zweite Krücke fliegt über den Vorhang.
Das Publikum ist begeistert und klatscht laut Beifall.
Der Wunderheiler bittet um Ruhe: „Und jetzt Sebastian – erzähle uns bitte laut und deutlich, was gerade passiert ist."
Es ist mucksmäuschenstill auf dem Jahrmarkt. Die Spannung ist zum Zerreißen. Dann kommt endlich die Antwort: „D-d-der M-m-m-artin ist g-g-gerade so-w-w-was von auf d-d-die F-f-f-fresse gef-f-f-fallen!"

Bei einer Versteigerung bietet ein Telefonbieter sehr hoch auf einen Papagei. Aber er hat einen hartnäckigen Konkurrenten, und der Preis geht immer mehr in die Höhe. Endlich gewinnt der Telefonbieter.
Am nächsten Tag holt er den Papagei ab.
„So viel Geld wollte ich eigentlich gar nicht ausgeben", sagt er zum Auktionator. „Hoffentlich kann er wenigstens sprechen."
Da antwortet der Auktionator:
„Was meinen Sie, wer die ganze Zeit gegen Sie geboten hat?"

Der Papst besucht die Gläubigen in Kanada.
An einem freien Tag macht er einen Ausflug aufs Land,
nur von seinem Chauffeur begleitet.
Sie fahren auf schnurgeraden Straßen durch menschenleere
Landschaften. Plötzlich sagt der Papst zu seinem Fahrer:
„Lassen Sie mich mal ein Stück fahren. Ich habe sonst nie die
Gelegenheit dazu. Sie können sich ja solange etwas ausruhen!"
Sie wechseln die Plätze, der Chauffeur legt sich auf die Rückbank
und schläft sofort ein. Der Papst fährt los. Es macht ihm Spaß und
er wird immer schneller. Bald schon hält er sich nicht mehr an das
Tempolimit. Plötzlich wird er von einer Polizeistreife mit Blaulicht
überholt und zum Anhalten aufgefordert.
Der Beamte nähert sich dem Wagen, sieht den Papst
am Steuer sitzen und läuft zurück zum Streifenwagen.
Von dort aus funkt er seinem Vorgesetzten:
„Ich brauche Rat. Ich habe gerade einen Prominenten
beim Rasen erwischt!"
„Egal, er muss zahlen!"
„Aber diesmal ist es ein ganz besonders heikler Fall …"
„Und wenn es der Premierminister wäre – er muss zahlen!
Und er wird wohl kaum wichtiger sein als der Premierminister!"
„Na ja, vielleicht doch", meint der Polizist,
„immerhin wird er vom Papst gefahren!"

Die Fee und ihre berühmten drei Wünsche – allein darüber ließe sich ein ganzes Witzbuch schreiben. Es gibt eine Menge Feenwitze, und bei meinen Recherchen habe ich festgestellt: Viele davon sind richtig klasse! So wie der folgende:

Drei Freunde begegnen einer Fee. Diese sagt zu den dreien:
„Jeder von euch hat einen Wunsch frei, den ich ihm erfülle!"
Der erste weiß sofort, was er sich wünscht:
„Ich wünsche mir eine Farm in Texas, richtig groß,
mit viel Land drum herum und 1000 Rindern!"
Die Fee klatscht in die Hände, und zack –
sitzt der Mann in Texas auf seiner Ranch.
Jetzt ist der zweite dran:
„Ich wünsche mir einen Sultanspalast im Orient, mit einem Harem,
in dem die schönsten Frauen der Welt nur für mich da sind!"
Die Fee klatscht in die Hände, und zack –
befindet sich der Kamerad in seinem Sultanspalast
samt Harem im Orient.
„Und nun zu dir", wendet sich die Fee dem dritten Freund zu.
„Welchen Wunsch soll ich dir erfüllen?"
„Der Mann schaut die Fee traurig an und flüstert:
„Ich wünsche mir meine beiden Kumpels wieder zurück!"

Ein amerikanischer Farmer kauft bei einer Versteigerung für viel Geld
einen angeblichen Super-Hahn für seine eintausend Hühner.
„Jetzt bin ich mal gespannt, ob der sein Geld auch wert ist",
sagt sich der Bauer, als er den Hahn ins erste Gehege lässt.
Und dann staunt er nur noch: Der Hahn besteigt in einem affenartigen
Tempo ein Huhn nach dem anderen. Dann fliegt er ins zweite Gehege
und macht es dort genauso. Nach einer halben Stunde
hat er sämtliche eintausend Hühner beglückt. Der Bauer ist begeistert,
doch der Hahn schaut sich nur kurz um,
fliegt über den hohen Zaun und läuft in die Wüste.
Der Bauer ärgert sich: „Jetzt habe ich endlich mal einen tollen Hahn,
und dann haut der mir ab!"
Er steigt auf sein Pferd und reitet in die Wüste, um den Hahn wieder
einzufangen. Nach einer Meile findet er das Tier – es liegt regungslos
auf dem Boden. Der Bauer steigt ab und will den Hahn aufheben,
da öffnet der ein Auge und zischt:
„Verschwinde, du vertreibst mir die Geier!"

Ein Jockey ist im Skiurlaub in Österreich und wird gemeinsam mit
anderen Touristen von einer Lawine verschüttet. Niemand überlebt.
Die Witwe reist nach Österreich, um den Leichnam ihres Mannes zu
identifizieren. Im Leichenschauhaus öffnet der Arzt das erste Kühlfach.
Sie wirft einen Blick hinein und schüttelt nur den Kopf. Der Arzt öffnet
das zweite Kühlfach. Sie sagt: „Nein, das ist nicht mein Mann."
Beim Blick in das dritte Kühlfach muss sie laut loslachen.
Der Arzt ist bestürzt und fragt: „Wie pietätlos! Können Sie mir bitte
mal sagen, was daran so lustig ist?"
„Na ja", antwortet die Witwe, „es hätte mich sehr gewundert,
wenn er es einmal unter die ersten drei geschafft hätte!"

Eine Autofahrerin fährt nachts auf einer schlecht beleuchteten Landstraße. Plötzlich sieht sie einen Schatten vor sich und bremst scharf. Vor ihr steht ein 30 Zentimeter kleiner Mann, der sie erschrocken ansieht.

„Sie haben mein Leben gerettet", sagt der kleine Mann zur Autofahrerin, „jetzt haben Sie einen Wunsch frei!"

Die Autofahrerin überlegt: „Ich wünsche mir", sagt sie schließlich, „dass die politischen Unruhen im Sudan aufhören."

Der kleine Mann überlegt: „Sudan? Wo ist das noch mal genau?"

„Irgendwo in Afrika."

Der kleine Mann wackelt mit dem Kopf: „Das ist natürlich sehr schwierig für mich. Ich weiß nicht, ob ich das hinkriege. Haben Sie nicht noch einen anderen Wunsch?"

„Ja, gut", sagt die Autofahrerin, „dann wünsche ich mir, dass mein Mann wieder so jung und schlank aussieht wie vor zwanzig Jahren."

„Wo ist denn Ihr Mann? Weit weg?"

„Der ist zu Hause – das sind grade mal zwei Kilometer!"

Der kleine Mann steigt zu der Frau ins Auto und sie fahren zu ihr nach Hause. Der Ehemann steht schon wartend in der Tür. Der kleine Mann bleibt im Auto sitzen, betrachtet den Mann und sagt dann:

„Um noch mal auf den Sudan zu sprechen zu kommen ..."

Wetten, dass das ursprünglich auch mal ein Feenwitz war? Aber vermutlich hat irgendein Gleichstellungsbeauftragter unbemerkt von der Öffentlichkeit eine Männer-Quote für Wünschwitze eingeführt ...

Der Lieblingswitz von Kaya Yanar

Vor seiner Zeit amüsierten Deutsche sich vor allem über deutsche Themen. Dann kam er, und über Nacht wurde alles anders: Kaya Yanar (*1973) konfrontierte die Zuschauer in seiner TV-Show „Was guckst du?!" mit den lustigen Seiten unserer ausländischen Mitbürger – und siehe da: Deutsche, Türken, Griechen, Italiener, Spanier, Inder und Polen lachten plötzlich über die gleichen Gags und Sketche. Damit hat Kaya Yanar Völkerverständigung im besten Sinne betrieben und somit mehr für ein friedliches Miteinander getan als mancher Politiker.

In dem Witz, den er mir für dieses Buch erzählt hat, prallen – typisch Kaya Yanar – zwei Welten aufeinander: die seiner Lieblingsfigur, dem türkischen Türsteher Hakan, und die eines korrekten, deutschen Ordnungshüters:

Hakan geht mit seinem Hund „Hakine" spazieren.
Er bindet den Hund vor einer Kneipe an und geht hinein.
Da Hakine läufig ist, kommt es, wie es kommen muss:
Ein Rüde kommt vorbei, schnüffelt kurz und legt los.
Eine alte Dame sieht das und beschwert sich bei einem Polizisten.
Also betritt der Polizist die Kneipe und fragt:
„Wem gehört der Hund da draußen?"
„Isch!"
„Wissen Sie, dass Ihr Hund läufig ist?"
„Nee, hab isch konkret draußen angebunden!"
„Nein, ich meine, dass Ihr Hund bestiegen werden will!"
„Hä? Sie ist doch kein krasses Pferd?!"
„Nein, Sie Vollidiot! Ihr Hund will Sex!"
„Ach ja? Gut, dann mach doch! Wollt ich
schon immer mal 'nen Polizeihund!"

Wie man Witze erzählt
(oder: Der Vortrag des Witzes)

Ein guter Witz ist formal betrachtet erst einmal sehr einfach aufge-
baut: Er beschreibt eine Situation, die wir alle kennen oder die
wir uns vorstellen können; und er braucht eine überraschende
Wendung, die wir nicht erwarten – also eine Pointe, über die wir
lachen können.

Situation. Pointe. Ende.

Es könnte so herrlich einfach sein. Und doch ist es oft so unendlich
schwer! Zumindest dann, wenn der Witz nicht in schriftlicher Form
daherkommt, sondern mündlich vorgetragen wird (und der Witz
ist und bleibt eine Erzählform. Er ist für den Vortrag gedacht und
nicht für die Lektüre.). Beim Vortrag eines Witzes kann eine Menge
schiefgehen. Und glauben Sie mir: Wenn der Vortragende nicht
ganz genau weiß, was er tut, dann geht es auch schief! Ich bin sicher: Jeder von uns war schon mal einem schlechten Witzeerzähler
ausgeliefert. Und das ist nicht schön. Denn ein schlechter Vortrag
macht aus dem besten Witz der Welt einen bestenfalls müden
Lacher. Andersrum gilt das genauso: Ein guter Witzeerzähler kann
meist selbst eine lauwarme Pointe mit Erfolg ins Ziel bringen.
Über die Technik des Erzählens von Witzen sind schon etliche
Abhandlungen geschrieben worden. Einige nehmen es besonders
genau und stellen so viele Regeln auf, dass kein Mensch mehr
durchblickt: „Regel 148b: Die Pointe darf maximal 7,46 Sekunden
lang sein, nicht mehr als 50 Buchstaben umfassen und ein Gewicht

von 14 Gramm nicht überschreiten." Das klingt nach vielem – aber nicht nach Spaß. Andere Humor-Kenner bieten hingegen durchaus praktikable Hilfestellungen an.

Fakt ist: Es gibt kein alleingültiges Patentrezept, nach dem ein Witz auf jeden Fall erzählt werden muss. Allerdings gibt es ein paar Regeln, die ein guter Witzeerzähler im Kopf hat und die er bei Bedarf anwendet. Regeln, die jede für sich genommen keine ernsthafte Hürde für einen ambitionierten Erzähler darstellen. Wenn diese Regeln befolgt werden, hat die Pointe eine reelle Chance, ihr Ziel zu erreichen. Wenn der Witz allerdings erst einmal in den Sand gesetzt worden ist, gibt es kein zweites Mal: Kaum ist das „Ich fange noch mal von vorne an" ausgesprochen, hat sich die Zuhörerschaft üblicherweise schon in alle Himmelsrichtungen verteilt. Und das gilt es zu verhindern. Für mich sind genau drei Aspekte wichtig, die ich für das gelungene Erzählen eines Witzes für wirklich entscheidend halte:

Konzentration.
Timing.
Coolness.

Mehr muss es nicht sein. Aber auch nicht weniger. Wer diese drei Aspekte ignoriert, der versemmelt den Witz garantiert. Der berühmteste und brillanteste Beleg für diese These stammt von dem großen deutschen Dichter und Schriftsteller Kurt Tucholsky. Er hat mit seiner 1931 erschienenen Satire „Ein Ehepaar erzählt einen Witz" dem versemmelten Witz ein schillerndes und immerwährendes Denkmal gesetzt. In Tucholskys lehrbuchmäßiger Studie fehlt es den Protagonisten an der Dreifaltigkeit des gut erzählten Witzes – Timing, Coolness und Konzentration: Ein Ehepaar – Trude und Walter – versucht, dem Erzähler einen Witz vorzutragen, macht dabei aber alles falsch, was man beim Witzeerzählen falsch machen kann. Beim Bemühen, den Witz fehlerfrei wiederzugeben, fallen sich die Gatten permanent ins Wort, verbessern sich gegenseitig und setzen immer wieder neu an. Keiner von beiden scheint sich an den genauen Ablauf des Witzes erinnern zu können. Darüber geraten sie so sehr in Streit, dass sie am Ende wutschnaubend und Türen knallend die Szenerie verlassen. Zurück bleibt der Zuhörer – und ein halb erzählter Witz (was schlimmer ist als ein nicht erzählter Witz!).

Damit Ihnen als Witzeerzähler so etwas nicht passiert, sollten Sie tunlichst die drei grundlegenden Regeln beherzigen, die sich anhand von Tucholskys Dialog exemplarisch aufzeigen lassen:

REGEL 1: KONZENTRATION

Bei Kurt Tucholsky scheint sich Ehefrau Trude nicht exakt an die Umstände zu erinnern, die die Grundsituation, das sogenannte *Setup*, ausmachen:

> **„Ein Mann, nein, ein Wanderer verirrt sich im Gebirge. Also, der geht im Gebirge und verirrt sich, in den Alpen. Was? In den Dolomiten, also nicht in den Alpen, ist ja ganz egal. (...) und da ist eine Hütte, da wohnen zwei Bauersleute drin. Ein Bauer und eine Bauersfrau. Der Bauer ist alt, und sie ist jung und hübsch, ja, sie ist jung. Die liegen schon im Bett. Nein, die liegen noch nicht im Bett ...“**

Was denn jetzt? Wandernder Mann? Männlicher Wanderer? Dolomiten oder Alpen? Bett oder kein Bett? Zu viele offene Fragen – sowohl bei der Erzählerin als auch beim Zuhörer. Wir hatten uns auf einen Witz gefreut – und nicht auf ein Quiz! Nichts ist unlustiger als ein Witz, der den falschen Weg nimmt. Unsicherheit ruiniert jede komische Wirkung. Darum ist es wichtig, den Witz, den man vortragen möchte, gut zu kennen! Es ist nicht nötig, ihn jedes Mal Wort für Wort identisch zu erzählen, aber die Eckdaten müssen stimmen und zweifelsfrei zum Vortrag kommen. Denn jemandem, der noch nicht mal weiß, in welchem Gebirge der Witz spielt, trauen wir einfach nicht zu, uns sicher und ohne Absturz durch das Witzgebirge zur Pointe zu geleiten. Und dahin wollen wir doch alle, oder? Also: Erste Voraussetzung für das erfolgreiche Erzählen eines Witzes ist die genaue Kenntnis desselben! Nur dann besteht die Chance, ihn auch geschmeidig wiederzugeben.

Trude und Walter können sich also nicht darauf einigen, in welchem Gebirge der Witz spielt. Ist es jedoch für die Wirkung des Witzes überhaupt von Belang, ob der Wanderer in den Alpen oder in den Dolomiten unterwegs ist? Wir wissen es nicht – Kurt Tucholsky hat die Pointe mit ins Grab genommen. Aber aller Wahrscheinlichkeit nach spielt die genaue geografische Position keine besondere Rolle. Also unterläuft dem Tucholsky-Paar das, was man beim Tennis einen klassischen Doppelfehler nennt: Sie können sich zum einen nicht an die Details der Geschichte erinnern, zum Zweiten erkennen sie nicht, welche Details für den Witz von Belang sind – und welche nicht. So sind sie weiterhin uneinig darüber, was ihren Witz nun witzig macht:

„Also ... der Wanderer steht da nun in der Hütte, er trieft vor Regen, und er möchte doch da schlafen. Und da sagt ihm der Bauer, er kann ja in dem Bett schlafen, mit der Frau."
„Nein, so war das nicht. Walter, du erzählst es ganz falsch! Dazwischen, zwischen ihm und der Frau – also der Wanderer in der Mitte!"
„Meinetwegen in der Mitte. Das ist doch ganz egal."
„Das ist gar nicht egal ... der ganze Witz beruht ja darauf."
„Der Witz beruht doch nicht darauf, wo der Mann schläft!"
„Natürlich beruht er darauf!"

[ha.'ha]

Wahrscheinlich geht es Ihnen spätestens jetzt genauso wie mir und Kurt Tucholsky: Sie *wollen* gar nicht mehr wissen, wie der Witz weitergeht, richtig? Denn auf dem Weg zur Pointe wirkt jede unnötige Verzögerung absolut lusttötend. Was uns nicht näher Richtung Pointe bringt, hat im Witz nichts verloren. Überflüssige Details müssen draußen bleiben. Das allumfassende Unvermögen von Trude und Walter führt in unserem Fall sogar dazu, dass *jedes* Detail des Witzes zum überflüssigen Detail wird, denn letzten Endes enthält uns der Satiriker frech die Pointe vor. Unter dem Gesichtspunkt des Witzeempfängers verlieren dadurch sämtliche Eckpunkte an Bedeutung. Der Witz wird nicht zu Ende gebracht – wen interessieren da noch die Voraussetzungen?

Beim Erzählen eines Witzes gilt es genau abzuwägen, welche Informationen für das Verständnis von Belang sind. Dann gilt es, sich auf eben diese Informationen zu konzentrieren und die anderen wegzulassen.

Vor vielen Jahren bewies der bekannte Volkssänger Heino, dass Zusatzinformationen, die für den Zuschauer nicht interessant (oder in Heinos Fall noch nicht einmal für den Zuschauer *bestimmt!*) sind, eher für Verwirrung als für Lacher sorgen: Der blonde Sänger sollte in der TV-Comedy-Show „RTL Samstag Nacht" einen Sketch von uns spielen. Er hatte das Skript offensichtlich sehr genau studiert, denn er trat durch eine Tür und schmetterte dem Publikum entgegen: „Heino tritt durch eine Tür!" Heino hatte die Regieanweisung auswendig gelernt und einfach mit vorgetragen! Immerhin: Es wurde tatsächlich gelacht – allerdings nur hinter der Bühne.

Also lautet der zweite Tipp in der Kategorie „Konzentration": Beschränkung auf diejenigen Informationen, die für den Verlauf des Witzes von Belang sind. Überflüssige Details bremsen nur. Und beim Witzeerzählen gilt das Gleiche wie beim Schlittenfahren: Wer bremst, verliert!

Tucholskys Eheleute lassen es also an Konzentration vermissen: Weder kennen sie den Witz, den sie erzählen wollen, noch beschränken sie sich auf die Details, die für die Pointe von Belang sind. Damit schaffen Trude und Walter für sich die besten Voraussetzungen, auch mit der zweiten Generalregel zu brechen:

REGEL 2: TIMING

Unnötig zu erwähnen, dass unser Ehepaar alle Regeln des guten Timings außer Acht lässt und sich in Tucholskys Geschichte um Kopf und Kragen redet:

> **„Also da klopft es an die Tür, da steht ein Mann, der hat sich verirrt, und der bittet um Nachtquartier. Nun haben die aber gar kein Quartier, das heißt, sie haben nur ein Bett, da schlafen sie zu zweit drin. Wie? Trude, das ist doch Unsinn ... Das kann sehr nett sein!"**
> **„Na, ich könnte das nicht. Immer da einen, der – im Schlaf strampelt ..., also ich könnte das nicht!"**
> **„Sollst du ja auch gar nicht. Unterbrich mich nicht immer."**
> **„Du sagst doch, das wär nett. Ich finde das nicht nett."**
> **„Also ..."**

Tucholsky-Kenner wissen es, alle anderen ahnen es: Die beiden haben sich völlig vergaloppiert. Sie haben ihr Timing nicht gefunden und sie werden es auch nicht mehr finden – sie werden nicht mehr zum Ziel kommen.

Ob ein Witz funktioniert oder nicht, hängt maßgeblich vom Erzähltempo ab. Wobei es nicht darum gehen darf, *am schnellsten* zur Pointe zu kommen, sondern *so schnell wie möglich*. Manche Witze brauchen ihre Zeit, andere leben von der Hochgeschwindigkeit. Für alle Witze aber gilt: Wo gespart werden *kann*, ohne der Pointe zu schaden, da *sollte* auch gespart werden.

Je länger der Witz ist, desto besser muss die Pointe sein. Für einen Mörder-Brüller lohnt es sich schon mal, fünf Minuten zuzuhören. Endet der Dauer-Monolog allerdings mit einem lauen Scherzchen, macht sich Enttäuschung breit. So sind wir Menschen nun einmal gestrickt – wir erwarten, für unsere Geduld belohnt zu werden. Und Belohnung meint in diesem Fall: eine der Erzähllänge angemessene Überraschung in Form einer Pointe.

Komiker wie Johann König oder Helge Schneider spielen brillant mit dieser Erwartungshaltung: Oft bauen sie umständlich grotesk lange Spannungs-bögen, um dann am Ende dieser Bögen die erwartete Pointe konsequent zu verweigern. Auch das ist eine Frage des Timings: Die Spannung wird durch geschicktes Jonglieren mit der Erzählzeit künstlich so hochge-schraubt, dass die Enttäuschung am Ende umso größer ist. Und das Ver-rückte ist: Nicht nur die Enttäuschung ist groß, sondern auch der Spaß! Manche sprechen bei dieser Sonderform der komischen Unterhaltung von „Anti-Witz". Ich halte die Formulierung für irreführend, denn auch der sogenannte „Anti-Witz" arbeitet nach den Mechanismen des klassischen Witzes: Die klassische Pointe besteht aus einer Überraschung, die wir so nicht erwartet haben. Wenn der Anti-Witz die Pointe an einer Stelle verwei-gert, an der wir sie erwartet haben, ist das wiederum eine Überraschung, die wir so nicht erwartet haben. So wird die Verweigerung der Pointe selbst zur Pointe!

Solche Gedanken haben sich Trude und Walter sicherlich nicht gemacht, wohl aber ihr Schöpfer Kurt Tucholsky: Seine Erzählung ist vielleicht der erste, sicher aber der bekannteste Anti-Witz der Literaturgeschichte:

> **„Bumm: Türgeknall rechts. Bumm: Türgeknall links.**
> **Jetzt sitze ich da mit dem halben Witz.**
> **Was hat der Mann zu der jungen Bauersfrau gesagt?"**

Man mag es kaum glauben, aber Tucholskys Ehepaar macht beim Versuch, seinen Witz vorzutragen, einen dritten unverzeihlichen Fehler. Denn Trude und Walter lassen eine wichtige Eigenschaft für erfolgreiches Witzeerzählen vermissen:

REGEL 3: COOLNESS

Gleich zu Beginn der Erzählung begeht Trude einen entscheidenden Fauxpas:

„Herr Panter, wir haben gestern einen so reizenden Witz gehört, den müssen wir Ihnen ... also den muss ich Ihnen erzählen. Mein Mann kannte ihn schon ... aber er ist zu reizend. Also passen Sie auf ...“

Die Einschätzung, ob der Witz reizend ist oder nicht, sollte Trude ihrem Zuhörer Herrn Panter überlassen (der diese Einschätzung sicherlich gerne vorgenommen hätte, wenn er den Witz hätte zu Ende hören dürfen). Der Witz, den man als absolut hinreißend ankündigt, hat ein schweres Los: Der Adressat muss ihn nämlich genauso absolut hinreißend finden, sonst hält er sein Versprechen nicht ein. (Ja, ich gebe es zu: Genau den Fehler werde ich am Ende dieses Buches auch machen, wenn ich vollmundig meinen persönlichen Hammer-Lieblingswitz verrate. Aber ich bin fein raus: Entweder Sie mögen den Witz genauso wie ich, oder aber Sie sagen: „Verdammt noch mal, das mit der Ankündigung kommt tatsächlich nicht gut! Vennebusch hatte recht! Ein Teufelskerl! Chapeau!“)
Beim Witzeerzählen ist es förderlich, souverän und cool zu bleiben. Der amerikanische Journalist und Witzexperte Don Steinberg fasst es knapp in drei Worten zusammen: „Just say it.“ Keine vollmundigen Versprechungen vorher. Keine kleinlauten Entschuldigungen nachher. Einfach erzählen. Kein „Ich fange noch mal an“, kein „Den kanntest du schon, oder?“ und erst recht kein „Gut, der war jetzt nicht sooo lustig“. Selbst wenn ein Witz überhaupt nicht ankommt: cool bleiben, weitererzählen.

[ha.'ha]

Erst recht ist es extrem uncool, während des Erzählens einen Ehestreit vom Zaun zu brechen, wie es Trude und Walter getan haben. Oder, wie Walter, völlig abzuschweifen und sich kurzzeitig anderen Problemen zu widmen:

„Sie erzählt ihn ganz falsch. Es gewittert erst gar nicht, sondern die schlafen friedlich ein. Plötzlich wacht der Bauer auf und sagt zu seiner Frau – Trude, geh mal ans Telefon, es klingelt. – Nein, also das sagt er natürlich nicht ... Der Bauer sagt zu seiner Frau ... Wer ist da? Wer ist am Telefon? Sag ihm, er soll später noch mal anrufen – jetzt haben wir keine Zeit! Ja. Nein. Ja. Häng ab! Häng doch ab!"

Kann man derart stümperhaftes Erzählen, wie Tucholsky es uns durch seine beiden Protagonisten miterleben lässt, noch toppen? Man kann! Zumindest konnte es Robert Gernhardt, ebenso wie Tucholsky satirischer Schriftsteller und messerscharfer Beobachter. Gernhardt schrieb 56 Jahre später eine Erzählung, deren Titel bereits genau benennt, was uns erwartet: „Ein Ehepaar erzählt ‚Ein Ehepaar erzählt einen Witz'": Norbert und Ingrid – so heißen die Eheleute bei Robert Gernhardt – versuchen, Tucholskys Geschichte fehlerfrei wiederzugeben und verfallen dabei in die gleichen Erzähl- und Verhaltensmuster wie Walter und Trude. Gernhardts Figuren haben von Tucholsky also nichts gelernt. Wir schon, stimmt's? Souverän zu bleiben in Bezug auf Inhalt, Vortrag und Haltung – das ist das A und O des erfolgreichen Vortragens von Witzen. Den allerwichtigsten Tipp in Sachen Coolness habe ich mir allerdings bis zum Schluss aufgehoben; einen Tipp, den jeder Witzeerzähler unbedingt beachten sollte:

NICHT ÜBER DIE EIGENEN WITZE LACHEN!

Denn das ist – verdammt noch mal – der Job Ihrer Zuhörer!

Der Lieblingswitz von Wigald Boning

Der mehrfache Grimme-Preis-Träger Wigald Boning (*1967) hat
in der Kult-Show „RTL Samstag Nacht" zwar mit seinen schrillen
Kostümen und stilbildenden Nonsens-Umfragen Komik-Geschichte
geschrieben, er hat gemeinsam mit seinem Partner Olli Dittrich als
Duo „Die Doofen" Millionen von Platten verkauft und er verkörpert
mit seiner einzigartigen Mischung aus Intellekt, Bildung und
Nonsens einen ganz eigenen, unverwechselbaren Stil – aber als
ich ihn bat, einen Witz für diese Sammlung beizusteuern, gestand
Wigald mir eine gewaltige Bildungslücke: „Ich kenne keine Witze,
kann keine behalten, keine erzählen, ich kann noch nicht einmal
aufmerksam zuhören, wenn mir jemand einen Witz erzählt – selbst
wenn dieser sehr gut ist. Mit Witzen habe ich mich in meinem
Leben nur einmal enthusiastisch beschäftigt: Als circa Zehnjähriger
hatte ich ein Büchlein mit Ostfriesenwitzen und, wenn ich mich
nicht irre, ein weiteres mit Klein-Erna-Witzen."
Aber Wigald ließ mich trotzdem nicht hängen: „Natürlich bin auch
ich alle paar Monate gezwungen, höflichkeitshalber einen Witz zu
erzählen. Für diese Fälle habe ich mir 1993 einen Witz ausgedacht,
der so kurz ist, dass ich ihn jederzeit parat habe. Er geht so:

Kommt ein Eber zum Psychiater.
Der Psychiater fragt: „Und? Wie fühlen sie sich?"
Darauf der Eber: „Saumäßig."

Ein typischer „Wigald Boning", und trotzdem ist Wigald selbst
„immer wieder verblüfft, wie mittelmäßig er ankommt. Er erzeugt
keine großen Heiterkeitsausbrüche, aber auch kein betretenes

Schweigen. Er wird nicht sofort, aber innerhalb vertretbarer Zeit von jedermann verstanden. Ich warte nun schon seit 17 Jahren darauf, dass mein Witz sich herumspricht und ich ihn vielleicht sogar auf irgendeiner Witze-Seite lesen darf, aber: Pustekuchen. Er liegt offenbar knapp unter jener Lustigkeitsschwelle, die für eine Selbstverbreitung überschritten werden müsste. So bleibt immerhin seine, meine Exklusivität gewahrt."

Bis jetzt, lieber Wigald. Denn das mit der Exklusivität ist nun passé, jetzt ist er raus – wenn auch nicht auf einer Witze-Seite, so doch zumindest zwischen zwei Buchdeckeln. Willkommen im „Volksmund"!

Ein Mann kommt in eine Kneipe und verlangt drei Bier. Der Wirt gibt ihm die Getränke, der Mann trinkt alle drei Gläser nacheinander aus und bestellt drei weitere Bier. So geht das den ganzen Abend. Irgendwann sagt der Wirt: „Hören Sie, soll ich Ihnen die Biere nicht einzeln geben? Die werden doch schal!"

„Nein, danke", antwortet der Mann, „die drei Bier haben nostalgische Gründe: Wir waren drei Freunde und haben immer zusammen getrunken. Dann sind die beiden anderen ausgewandert. Und da haben wir uns versprochen: Wir trinken weiter, so als wären wir noch zusammen!"

„Schöne Geschichte", sagt der Wirt und stellt dem Mann drei weitere Biere hin. Ein paar Wochen später kommt der Mann wieder in die Kneipe, bestellt aber nur noch zwei Bier. Der Wirt ist betroffen: „Oh Gott – ist einem Ihrer beiden Freunde etwas zugestoßen?"

„Das nicht", antwortet der Mann, „aber meine Leberwerte sind eine Katastrophe – und mein Arzt hat mir gesagt, ich muss sofort mit dem Trinken aufhören!"

Zwei ehemalige Klassenkameraden, die sich noch nie leiden konnten, treffen sich zufällig auf einem Bahnsteig. Der eine ist Admiral geworden und trägt eine mit Orden geschmückte Uniform. Der andere ist Kardinal geworden und unter seiner Soutane spannt sich ein gewaltiger Bauch.

Der Kardinal spricht den Admiral an: „Entschuldigen Sie, Herr Schaffner, wann fährt der nächste Zug nach Koblenz?"

Da sagt der Admiral: „Das kann ich Ihnen ganz genau sagen, aber in Ihrem Zustand würde ich lieber zu Hause bleiben, gnädige Frau!"

Der Teufel kommt zu einem Anwalt und schlägt ihm einen Pakt vor:
„Du kriegst immerwährende Gesundheit, gewinnst jeden Prozess,
betörst alle Frauen, wirst steinreich und außerdem noch der beste
Golfer aller Zeiten. Im Gegenzug bekomme ich deine Frau und deine
Kinder, die ewig in der Hölle schmoren müssen. Na, schlägst du ein?"
Der Anwalt überlegt.
Lange.
Schließlich wird der Teufel ungeduldig:
„Was überlegst du so lange?"
Da sagt der Anwalt:
„Na ja, irgendwo muss bei deinem Angebot doch ein Haken sein ..."

Zwei Kühe stehen nebeneinander im Stall.
Da sagt die eine zur anderen: „Die Zahl Pi wird im Allgemeinen
zwar auf fünf Stellen hinter dem Komma verkürzt wiedergegeben,
tatsächlich ist sie aber eine unendlich lange Ziffernfolge."
Die zweite Kuh dreht sich zur ersten und sagt: „Muh!"

Dieser Witz hat den Anschein, als sei er ein Anti-Witz, also ein Witz,
der seine Komik aus der Verweigerung der Pointe bezieht. Beim
genauen Hinsehen fällt jedoch auf: Nicht die zweite – nennen wir
sie „Pointen-Kuh" – verhält sich unerwartet, sondern die erste!
Hier ist es so, dass das Ende des Witzes die Geschichte nicht – wie
üblich – absurder macht, sondern eine absurde Geschichte wieder
zurück in die Realität holt. Ein „verkehrter" Witz also – und trotzdem lustig!

Ein älterer Herr trifft sich mit seiner Frau und einem gemeinsamen
Freund zum Essen. Der Freund fragt den Mann:
„Wie geht es dir mit deiner Alzheimer-Erkrankung?"
„Viel besser! Sie ist fast weg", freut sich der Mann, „ich kann mich
wieder an fast alles erinnern. Los, teste mich mal!"
Der Freund sagt: „Na gut, ich frage dich etwas,
was noch nicht so lange her ist: Was hast du deiner Frau
zur goldenen Hochzeit geschenkt?"
Der Mann überlegt: „Mensch, wie heißt das noch mal ... sag mal,
wie heißt diese kostbare Blume, auf die die Frauen so abfahren ...?"
„Orchidee?"
„Nee, die andere, die mit den Dornen?!"
„Rose?"
„Genau", antwortet der Mann und wendet sich zu seiner Frau:
„Sag mal, Röschen, was hab ich dir noch mal
zur goldenen Hochzeit geschenkt?"

Ein Stotterer erzählt auf der Straße einem Bekannten,
dass er auf dem Weg zu seinem ersten Termin beim Logopäden sei.
Zwei Wochen später treffen sich die beiden wieder.
„Wie war es denn beim Logopäden? Gut?", fragt der Bekannte.
Der andere nickt und sagt: „Fischers Fritze fischt frische Fische.
Frische Fische fischt Fischers Fritz."
„Das ist ja toll – und das nach nur zwei Wochen!"
„Ja", antwortet der Stotterer, „a-a-aber mm-m-man b-b-braucht's
so s-s-s-selten!"

Ein Pfarrer wird auf einer Afrika-Safari von einem Rudel Löwen
umzingelt. Er fällt auf die Knie, schließt die Augen und betet:
„Herr, rette mich! Schick mir ein Zeichen deiner Gnade und befiehl
diesen Löwen, sich wie echte Christen zu verhalten."
Als er wieder aufblickt, sitzen die Löwen im Kreis um ihn herum
und murmeln: „Komm, Herr Jesus, sei unser Gast, und segne,
was du uns bescheret hast ..."

Ein Bauer kommt zum Psychologen und sagt:
„Ich habe ein Problem – ich liebe mein Pferd."
Der Psychologe beschwichtigt ihn: „Tierliebe ist ganz normal.
Der eine liebt seine Katze, der andere seinen Vogel ..."
Der Bauer unterbricht ihn: „Nein, ich meine: Ich liebe es physisch!"
Der Psychologe ist überrascht:
„Oh – ist es ein Hengst oder eine Stute?"
„Natürlich eine Stute! Oder glauben Sie etwa, ich bin pervers?"

Kurz nach der Operation wird der Patient gefragt:
„Wie groß sind Sie?"
„1,82 Meter, Herr Doktor."
„Ich bin nicht der Doktor, ich bin der Schreiner."

Eine voll besetzte Boeing wartet darauf abzufliegen.
Endlich erscheinen die zwei Piloten. Beide tragen dunkle Brillen,
der eine führt einen Blindenhund mit sich, der andere tastet sich
mit einem weißen Stock ins Cockpit.
Die Fluggäste werden nervös. Als die Turbinen angeworfen
werden, beginnt im Flugzeug aufgeregtes Getuschel. Die Maschine
nimmt Fahrt auf, und die Passagiere an den Fensterplätzen sehen
erschrocken, dass am Ende der Startbahn das offene Meer wartet.
Doch die Piloten machen keine Anstalten abzuheben. Sekunden,
bevor das Flugzeug droht, ins offene Meer zu rasen, wird die Kabine
von panischem Geschrei erfüllt. In diesem Moment hebt die Maschine
sanft ab und schwebt in die Luft. Erleichtert seufzen die Fluggäste auf.
Im Cockpit dreht sich der eine Pilot zum anderen um und sagt:
„Soll ich dir was sagen, Peter? Eines Tages werden die Leute zu spät
schreien, und dann werden wir alle sterben!"

Die neue Bundesverbraucherministerin besichtigt einen
Vorzeige-Biobauernhof und lobt dabei die artgerechte Haltung
der Tiere. Zum Abschied deutet sie auf eine Weide und fragt den
Biobauern: „Sagen Sie mir doch bitte: Warum hat diese arme Kuh
denn keine Hörner?"
Der Bauer antwortet: „Nun, es gibt mehrere Möglichkeiten,
warum eine Kuh keine Hörner hat. Es kann sich beispielsweise
um einen Geburtsfehler handeln. Oder die Kuh hat sich die Hörner
abgestoßen. Es ist natürlich auch möglich, dass der Besitzer der Kuh
die Hörner abgesägt hat. In diesem speziellen Fall allerdings handelt
es sich um ein Pferd!"

Ein frommes Paar ist auf dem Weg zum Standesamt, als es bei einem Unfall tödlich verunglückt.

Im Himmel spricht der Mann Petrus an: „Wir hatten uns so auf unsere Hochzeit gefreut, und wir wünschen uns nichts sehnlicher, als zu heiraten. Können wir nicht hier im Himmel heiraten?"

Petrus sagt: „Ich gucke mal, ob sich das machen lässt."

Es vergehen fast einhundert Jahre, bis Petrus endlich grünes Licht gibt. Ein Pfarrer traut die beiden, und alles scheint einen glücklichen Weg zu nehmen.

Ein paar Jahre später spricht der Mann Petrus erneut an: „Meine Frau und ich haben uns auseinandergelebt. Die erste Zeit war toll, aber wir haben festgestellt: Wir passen nicht zusammen. Gibt es eine Möglichkeit, uns wieder scheiden zu lassen?"

Petrus schüttelt den Kopf: „Leute, ich habe fast einhundert Jahre gebraucht, um hier im Himmel einen Pfarrer aufzutreiben, der euch traut. Was meint ihr, wie lange es dauert, hier oben einen Anwalt zu finden?"

Der neue Museumswärter kommt nach seinem ersten Arbeitstag ins Büro des Direktors und sagt: „Sie werden begeistert sein, Chef! Ich habe heute schon drei Rembrandts verkauft!"

Treffen sich zwei alte Magier.
Der eine sagt: „Du, ich kann jetzt auch hellsehen!"
Der andere staunt: „Seit wann?"
„Seit übermorgen!"

Ein Jäger, ein Angler und ein Politiker sind unterwegs ins Jenseits.
Sie müssen durch den Sumpf der Lügen: Je mehr man im irdischen
Leben gelogen hat, desto tiefer sinkt man ein.
Der Jäger hat viel Jägerlatein in seinem Leben verzapft:
Er sinkt bis zur Hüfte ein. Er schaut rüber zum Angler –
der steht nur bis zu den Knöcheln im Matsch.
„Wie ist das möglich?", ruft der Jäger zum Angler hinüber.
„Du hast doch zeit deines Lebens aus jedem mickrigen Stichling
einen kapitalen Hecht gemacht!"
„Pst", antwortet der Angler, „ich stehe auf dem Politiker!"

Die junge Ehefrau berichtet ihrer Freundin:
„Mein Mann hat mir ein Leben wie im Paradies versprochen.
Und er hat sein Wort gehalten – ich habe tatsächlich nichts
anzuziehen!"

Im Trainingslager ist eingebrochen worden:
„Haben Sie denn nicht versucht, den Kerl einzuholen?",
fragt der Polizist den 800-Meter-Läufer.
„Doch", sagt der Läufer, „ich habe ihn sogar überrundet!
Doch als ich mich am Ziel umgeschaut habe, war er weg!"

Im Wald hat sich herumgesprochen, dass der Bär eine schwarze Liste führt: Wer auf dieser Liste steht, muss sterben. Daraufhin geht das Reh zum Bären und fragt: „Sag mal, Bär, ich habe gehört, du führst eine schwarze Liste – steh ich da drauf?"

Der Bär schaut nach: „Ja, du stehst drauf!"

Am nächsten Tag liegt das Reh zerfleischt und mit durchgebissener Kehle auf einer Lichtung.

Der Fuchs sieht das und geht voller Angst zum Bären:

„Bär, stehe ich auch auf deiner schwarzen Liste?"

Der Bär blättert: „Warte mal ... ja, du stehst auch drauf!"

Am nächsten Tag wird der Fuchs tot aufgefunden:

übel zugerichtet! Der Schwanz ist abgebissen, alle Beine gebrochen, die Eingeweide sind überall vorm Fuchsbau verteilt.

Da kommt das Kaninchen zum Bären und fragt:

„Hey, Bär, stehe ich auch auf deiner Liste?"

Der Bär antwortet: „Ja, du stehst auf der Liste!"

„Kannst du mich nicht streichen?"

„Du, überhaupt kein Problem!"

Ein Witz mit einer ganz praktischen Botschaft fürs wirkliche Leben: Auch wenn es aussichtslos scheint – es lohnt sich manchmal, einfach zu fragen!

Ein aufgeregter Anruf bei der Bergwacht:

„Es hat eine Lawine gegeben! Ein Mensch wurde verschüttet!"

Die Bergwacht fragt: „Skifahrer oder Snowboarder?"

„Das ist doch egal! Es geht um Menschenleben!"

„Schon klar, aber wir müssen wissen:

Schicken wir einen Lawinen- oder einen Drogenhund?"

Der Lieblingswitz von Johann König

Brüchige Stimme, nervöses Auftreten, schüchternes Stammeln … das klingt nicht gerade nach erfolgreicher Komik. Ist es aber! Johann König (*1972) ist mit genau diesen Eigenschaften einem großen, lachwilligen Publikum bekannt geworden. Seitdem begeistert er mit gezielt eingesetzter Zurückhaltung und brillanter Sprachartistik seine Zuschauer. Seine wahnwitzigen Gedichte und lyrischen Nonsens-Miniaturen sind längst Legende. Das Absurde scheint Johann König immer wieder zu faszinieren. Und auch sein Lieblingswitz führt uns eine Situation vor Augen, bei der jeder sofort denkt: „Gott sei Dank ist das nicht mir passiert!"

Petrus und Gott einigen sich darauf, künftig nur noch Fälle aufzunehmen, die eines besonders spektakulären Todes gestorben sind. Und sofort klopft es an der Himmelstür.
Petrus ruft: „Nur noch außergewöhnliche Fälle!"
Der Verstorbene ruft zurück: „Höre meine Geschichte:
Ich dachte schon immer, meine Frau betrügt mich. Also komme ich überraschend drei Stunden früher von der Arbeit, renne wie wild die sieben Stockwerke zu meiner Wohnung rauf, reiße die Tür auf, suche wie ein Wahnsinniger die ganze Wohnung ab. Und auf dem Balkon finde ich einen Kerl, der hängt am Geländer. Also, ich einen Hammer geholt, dem Sack auf die Finger gehauen, der fällt runter – und landet direkt auf einem Strauch und steht wieder auf. Ich zurück in die Küche, greife mir den kompletten Kühlschrank und schmeiß das Ding vom Balkon: Treffer!!! Nachdem die Sau nun platt ist, bekomme ich von dem ganzen Stress einen Herzinfarkt."
„Okay", sagt Petrus, „das ist spektakulär genug, komm rein."
Kurz darauf klopft es wieder.

„Nur außergewöhnliche Fälle", sagt Petrus.
„Kein Problem", antwortet der Verstorbene. „Pass auf:
Ich mache, wie jeden Morgen, meinen Frühsport auf dem Balkon,
stolpere über einen Hocker, falle über das Geländer und kann
mich in wirklich letzter Sekunde ein Stockwerk tiefer am Geländer
festhalten. ‚Meine Güte', denke ich, ‚*was* für ein Glück, ich lebe
noch!' Da kommt plötzlich ein völlig durchgeknallter Idiot und
haut mir mit dem Hammer auf die Finger, ich stürze ab, habe aber
wieder Glück, denn ich lande auf einem Strauch und denke:
‚Das gibt's nicht – zum zweiten Mal überlebt!'
Ich schau nach oben, und da trifft mich dieser blöde Kühlschrank!"
„Okay", sagt Petrus, „rein in meinen Himmel."
Und schon wieder klopft es an der Himmelstür.
„Nur außergewöhnliche Fälle", ruft Petrus.
„Kein Thema", sagt der Verstorbene,
„ich sitze nach einer scharfen Nummer
völlig nackt im Kühlschrank ..."

Der Schiedsrichter warnt den Fußballspieler:
„Wenn Sie noch einmal behaupten, ich sei parteiisch,
dann dürfen Sie nicht mehr gegen uns spielen!"

Zwei Wanderer stehen mitten im Wald plötzlich einem riesigen
Bären gegenüber. In Windeseile nimmt der eine Wanderer ein paar
Turnschuhe aus seinem Rucksack und zieht sie an.
Sein Begleiter wundert sich: „Was soll das denn?
Du bist auch mit Turnschuhen nicht schneller als ein Bär!"
„Was interessiert mich der Bär? Hauptsache, ich bin schneller als du!"

Ein Mann steht mit einem Kollegen vor dem Kölner Dom.
Der Mann sagt:
„Wetten, ich kann höher springen als der Kölner Dom?"
Der Kollege hält dagegen, die Wette gilt.
Der Mann springt – ungefähr 30 Zentimeter hoch.
Dann dreht er sich zur Kathedrale und sagt:
„So! Und jetzt du!"

Der Mann-im-Schrank-Witz ist eines der hartnäckigsten Witzklischees überhaupt. Manchmal habe ich das Gefühl, es gibt in Deutschland mehr Mann-im-Schrank-Witze als Schränke! Und trotzdem findet sich immer wieder mal ein Witz dieser Gattung, der mit seiner Wendung überrascht ...

Der Ehemann will seine Frau zum Opernbesuch abholen.
Doch sie steht nackt im Flur.
„Zieh dir was an!", sagt der Ehemann,
„wir müssen in einer halben Stunde los!"
„Ich bleibe hier", antwortet die Frau, „ich habe keine Lust
und außerdem habe ich nichts anzuziehen."
Der Ehemann geht zum Kleiderschrank, öffnet ihn und sagt:
„Wieso nichts anzuziehen? Hier hängt ein schwarzes Kleid, ein rotes
Kleid, ein grünes Kleid, grüß dich, Manni, noch ein schwarzes Kleid ..."

Zwei Mönche spielen schweigend Schach.
Nach Stunden zieht der eine seinen Läufer und sagt: „Schach!"
Da sagt der andere: „Schwätzer!"

Ein Maulwurf kommt in ein Musikgeschäft, schaut sich um und sagt:
„Ich hätte gerne die rote Trompete und das weiße Akkordeon."
Der Verkäufer antwortet: „Okay, den Feuerlöscher verkaufe ich Ihnen,
aber der Heizkörper bleibt hier!"

Ein Kanadier steigt in Deutschland in ein Flugzeug.
Kurz nach dem Start schaut er aus dem Fenster
und fragt seinen deutschen Sitznachbarn:
„Oh, was ist das? Es sieht aus wie unser Wald in Kanada!"
Der Deutsche neben ihm antwortet: „Das ist unser Schwarzwald!"
Kurze Zeit später fragt der Kanadier: „Was für ein schöner See –
er sieht aus wie unsere Seen in Kanada!"
„Das ist der Bodensee", erklärt der Deutsche.
Wieder einige Zeit später meldet sich der Kanadier erneut:
„Was ist das? Es sieht aus wie das Parkett bei mir zu Hause."
Da meint der Deutsche: „Wir fliegen über Österreich.
Da haben alle ein Brett vorm Kopf, und wenn sie ein Flugzeug hören,
schauen sie alle gleichzeitig nach oben!"

Was sagt der Akademiker ohne Arbeit zu dem Akademiker mit Arbeit?
„Einmal Pommes, bitte!"

Die Ehefrau studiert gründlich ihr Horoskop. Ihr Ehemann kann das
nicht verstehen. „Das ist doch Unfug! Ich glaube nicht an den Quatsch
– du weißt doch, wie skeptisch wir Skorpione sind!"

Beim Spaziergang sieht eine Frau einen kleinen, faltigen,
verschrumpelten Mann mit einem Krückstock vor einem Café sitzen
und vor sich hin lächeln.
Sie spricht ihn an: „Entschuldigen Sie bitte,
Sie sehen so glücklich aus. Wie machen Sie das?"
„Nun", antwortet der Mann, „seit meinem 13. Lebensjahr rauche ich
jeden Tag vier Päckchen Zigaretten, trinke zwei Flaschen Wein,
habe jede Menge Weiber und treibe überhaupt keinen Sport."
Die Frau ist beeindruckt: „Wow – und damit kann man so alt werden?"
„Wieso alt?", fragt der Mann, „ich bin 24!"

Ein Ehepaar geht zum ersten Mal im Leben in ein nobles
Fischrestaurant und bestellt Hummer.
Der Ober kommt an den Tisch und stellt wortlos eine Schale mit
Zitronenwasser ab. Das Paar guckt sich ratlos an.
Sie fragt: „Schatz, hast du schon was zu trinken bestellt?"
„Ich glaube nicht", antwortet der Mann.
Die Frau grübelt:
„Komisch, was soll das denn sein? Ich frage mal den Ober!"
Ihr Mann, dem das Ganze sehr peinlich ist, will sie davon abhalten.
Zu spät: Der Ober steht schon vor ihnen, und die Frau fragt:
„Was ist das hier?"
„Das ist zum Händewaschen", antwortet der Ober.
„Siehst du", lacht der Mann,
„wer dumm fragt, kriegt eine dumme Antwort!"

„Ich habe ein traumhaftes Ferienhaus für Sie",
sagt der Makler zum Kunden.
„Es liegt direkt am Strand und hat vier Etagen –
bei Ebbe sogar fünf!"

Der Papst reist nach Nashville in den USA. Bereits im Flugzeug
drehen sich alle Passagiere nach ihm um und rufen:
„Elvis! Elvis!"
Der Papst bekreuzigt sich daraufhin und meint:
„Ich bin nicht Elvis, ich bin der Papst!"
Die Maschine landet sicher am Flughafen. Dort warten bereits
Hunderte Menschen, und als der Papst niederkniet
und den Boden küsst, ruft die Menge:
„Elvis! Elvis!"
Der Papst bekreuzigt sich und sagt wieder:
„Ich bin nicht Elvis, ich bin der Papst!"
In seinem Hotel angekommen, schaut ihn der Portier
mit großen Augen an und stammelt:
„Elvis! Elvis!"
Der Papst bekreuzigt sich und entgegnet genervt:
„Verdammt noch mal! Ich bin nicht Elvis, ich bin der Papst!!!"
Daraufhin stapft der Papst in sein Hotelzimmer
und findet in seinem Bett eine wunderschöne, nackte Frau vor,
die ihn anschmachtet und säuselt:
„Elvis ... oh Elvis!"
Der Papst bekreuzigt sich:
„Love me tender ..."

Eine nervöse junge Frau spricht mit ihrer Mutter über ihre bevorstehende Hochzeit. Sie seufzt und sagt mit zitternder Stimme: „Ach Mama, da sind noch so viele Dinge zu erledigen vor der Hochzeit und ich will dabei auch das nebensächlichste Detail nicht vergessen!"
„Mach dir mal keine Sorgen", antwortet die Mutter grimmig, „ich werde dafür sorgen, dass er kommt!"

„Herr Richter", ruft der Angeklagte, „nehmen Sie mir den Führerschein bitte nicht ab! Oder vernehmen Sie wenigstens vorher noch den zweiten Unfallzeugen!"
Der Richter entgegnet:
„Es gibt nur einen Zeugen!"
„Das kann nicht sein – ich habe zwei gesehen!"
„Deswegen habe ich Ihnen ja auch den Führerschein abgenommen!"

Und jetzt ein Witz mit einer schönen Botschaft: Es gibt sie noch, die ehrlichen Männer!

Der liebe Gott wandert mal wieder inkognito über die Erde. Plötzlich sieht er an einem Flussufer einen älteren Mann sitzen und bitterlich weinen. Der liebe Gott fragt den Mann, warum er denn weine.

„Ach, ich bin ein armer Holzfäller und gerade ist mir meine einzige Axt in den Fluss gefallen. Womit soll ich denn nun meine Familie ernähren?"

„Das ist kein Problem!", antwortet der liebe Gott, springt in den Fluss, taucht und kommt mit einer Axt aus purem Gold wieder hoch.

„Ist das deine Axt?", fragt er den Mann, der dies aber wahrheitsgemäß verneint.

Der liebe Gott taucht erneut und kommt mit einer silbernen Axt an die Oberfläche zurück. „Ist das deine Axt?", fragt er wieder, und wieder verneint der Mann.

Beim dritten Mal schließlich bringt der liebe Gott die alte, eiserne Axt des Mannes mit hoch, der sie dieses Mal als die seinige erkennt. Und weil er so ehrlich war, schenkt ihm der liebe Gott alle drei Äxte.

Einige Zeit später trifft der liebe Gott an derselben Stelle wieder denselben, weinenden Mann an. „Warum weinst du denn schon wieder?", will er wissen.

„Ach, diesmal ist meine Frau ins Wasser gefallen. Wer soll denn jetzt auf die Kinder aufpassen, wenn ich Bäume fälle?"

„Das ist kein Problem!", sagt der liebe Gott wieder, springt in den Fluss, taucht und kommt mit Catherine Zeta-Jones wieder an die Oberfläche. „Ist das deine Frau?", fragt er, woraufhin der Mann begeistert „Jaaaa!!" ruft.

Daraufhin wird der liebe Gott ziemlich böse und fragt den Holzfäller, warum er diesmal gelogen habe.

Der Holzfäller antwortet: „Ach, ich weiß doch, wie es beim letzten Mal gelaufen ist. Wenn ich jetzt zugegeben hätte, dass das nicht meine Frau ist, dann hättest du mir beim zweiten Mal Angelina Jolie und schließlich meine eigene Frau gebracht. Ich hätte die Letztere als die meine anerkannt, und du hättest mir alle drei Frauen gegeben!"

„Richtig! Aber wo ist das Problem?"

„Du bist gut! Wie soll ich mit meiner Holzfällerei denn drei Frauen ernähren?"

Ein Mann kommt in den Himmel.
Petrus fragt: „Beruf?"
Der Mann sagt: „Arzt!"
Petrus deutet zur Seite: „Lieferanteneingang!"

Der Parteivorsitzende kommt bei einem Verkehrsunfall ums Leben
und kommt direkt in den Himmel. Dort trifft er den Erzengel Gabriel,
der ihm erklärt: „Wir werden dir die Wahl geben: Du wirst einen Tag
in der Hölle verbringen und einen Tag im Paradies.
Danach kannst du auswählen, wohin du willst."
Gabriel bringt ihn zum Fahrstuhl und sie fahren gemeinsam in die
Hölle hinunter. Dort trifft der Politiker alle seine Freunde.
Sie begrüßen ihn fröhlich, spielen Golf, sitzen am Schwimmbad,
im Restaurant, essen, trinken, hören laute Musik, spielen Karten
und tanzen.
Am nächsten Tag bringt Gabriel den Parteivorsitzenden ins Paradies.
Dort sieht er Menschen, die auf weißen Wolken sitzen und leise Musik
hören, alles ist ruhig und gemütlich.
Einen Tag später kommt Gabriel und fragt:
„Hast du dich entschieden?"
Der Parteivorsitzende antwortet: „Ja. Obwohl es im Paradies
angenehm ist, will ich in die Hölle, dort tut sich was."
Gabriel nimmt ihn wieder mit nach unten, klopft an die Tür,
und innerhalb einer Sekunde ziehen zwei Hände den Politiker hinein.
Erschrocken stellt er fest: Er steht mitten in einer Flammenhöhle,
es ist quälend heiß, seine Freunde tragen zerrissene Kleidung,
stehen bis zum Hals in kochendem, stinkendem Schlamm und müssen
Tüten mit Mist füllen. Der Satan kommt auf ihn zu,
gibt ihm eine Tüte und fordert ihn auf, ebenfalls Mist zu sammeln.
Völlig verwirrt fragt der Parteivorsitzende:
„Was ist mit dem Golfplatz passiert, mit dem Restaurant,
mit dem Schwimmbad, mit der Musik?"
Da antwortet der Satan: „Gestern war vor der Wahl –
heute ist nach der Wahl ..."

Zwei Männer gehen durch den Wald. Plötzlich stehen sie vor einem riesigen Loch – so tief, dass sie den Grund nicht erkennen können.

„Wie tief das wohl ist?", fragt der eine.

„Das können wir ganz einfach herausfinden.
Wir müssen nur einen Stein hineinwerfen und warten,
bis wir das Geräusch des Aufschlags hören. Dann können wir
aus der verstrichenen Zeit die Tiefe bestimmen."

Gesagt, getan. Doch nichts ist zu hören. Offenbar war das Geräusch des Aufpralls so leise, dass sie es wegen der großen Tiefe nicht mehr hören konnten. Also versuchen die Männer es mit einem größeren Stein. Wieder ergebnislos.

„Du", sagt der eine, „ich habe da vorne eine alte Eisenbahnschwelle aus Beton liegen sehen. Wenn wir die reinwerfen, dann müssten wir doch was hören, die ist schließlich schwer genug."

Mit vereinten Kräften schleppen die beiden die schwere Schwelle zum Loch und werfen sie hinein. Während sie noch auf das Geräusch warten, kommt plötzlich in einem Irrsinns-Tempo ein Schaf aus dem Wald gerast und springt mit einem lauten Blöken in das Loch.

Die beiden Männer stehen noch ganz verdattert da, als ein dritter Mann aus dem Wald kommt und sich erkundigt,
ob sie vielleicht sein Schaf gesehen hätten.

„Ja", antwortet der eine, „da kam gerade eben eines wie ein geölter Blitz aus dem Wald gesaust und ist in das Loch hier gesprungen!"

Darauf der Neuankömmling: „Das kann nicht mein Schaf gewesen sein – das hatte ich nämlich an einer Eisenbahnschwelle festgebunden …"

Ein Mann überquert eine Straße, als ihn ein Frosch aufhält und sagt:
„Wenn du mich küsst, werde ich zu einer wunderschönen Prinzessin!"
Der Mann beugt sich hinunter, hebt den Frosch auf
und steckt ihn in seine Tasche.
Da fängt der Frosch wieder an zu sprechen und sagt:
„Wenn du mich küsst und mich in eine wunderschöne Prinzessin
zurückverwandelst, werde ich jedem erzählen, wie klug und tapfer
du bist und was für ein Held du für mich bist!"
Der Mann nimmt den Frosch aus seiner Tasche, lächelt ihn an und
steckt ihn zurück in seine Tasche. Da meldet sich der Frosch erneut zu
Wort: „Wenn du mich küsst und mich in eine wunderschöne Prinzessin
zurückverwandelst, werde ich dich eine ganze Woche lang lieben und
dich überallhin begleiten!"
Der Mann nimmt den Frosch aus seiner Tasche, lächelt ihn an
und steckt ihn wieder zurück in seine Tasche.
Da ruft der Frosch: „Wenn du mich küsst und mich in eine
wunderschöne Prinzessin zurückverwandelst, werde ich ein Jahr lang
bei dir bleiben und alles tun, was du willst!"
Wieder nimmt der Mann den Frosch aus seiner Tasche,
lächelt ihn an und steckt ihn zurück in seine Tasche.
Da fragt der Frosch: „Was ist los mit dir? Ich habe dir gesagt,
dass ich eine wunderschöne Prinzessin bin, dass ich ein Jahr lang bei
dir bleiben werde und alles tun werde, was du willst.
Warum küsst du mich nicht?"
Der Mann antwortet: „Sieh mal, ich bin Programmierer. Ich habe keine
Zeit für eine Freundin, aber ein sprechender Frosch ist cool!"

Ein Schäfer hütet in einer einsamen Gegend seine Schafe.
Plötzlich taucht in einer großen Staubwolke ein nagelneuer grauer
Sportwagen auf und hält direkt neben ihm. Der Fahrer des Wagens,
ein junger Mann in Designer-Anzug, teuren Schuhen und Sonnenbrille,
steigt aus und fragt ihn: „Wenn ich errate, wie viele Schafe Sie haben,
bekomme ich dann eins?"
Der Schäfer schaut zuerst den jungen Mann, dann seine friedlich
grasenden Schafe an und sagt ruhig: „In Ordnung."
Der junge Mann verbindet sein Notebook mit dem Handy, geht im
Internet auf Google Earth, scannt die Gegend zusätzlich mithilfe
seines GPS-Satellitennavigationssystems, öffnet eine Datenbank und
60 Excel-Tabellen mit einer Unmenge Formeln. Schließlich druckt er
einen 150-seitigen Bericht auf seinem Hitech-Minidrucker aus, dreht
sich zu dem Schäfer um und sagt: „Sie haben hier exakt 1586 Schafe."
Der Schäfer antwortet: „Das ist richtig, suchen Sie sich ein Schaf aus."
Also nimmt der junge Mann ein Tier und lädt es in den kleinen
Kofferraum seines Sportwagens.
Der Schäfer schaut ihm zu und schlägt dann vor: „Wenn ich Ihren Beruf
errate, machen wir den Deal dann wieder rückgängig?"
„Klar, warum nicht?", antwortet der junge Mann.
Der Schäfer sagt: „Sie sind Unternehmensberater."
Der junge Mann ist verblüfft: „Das ist richtig, woher wissen Sie das?"
„Ganz einfach", erwidert der Schäfer, „erstens kommen Sie hierher,
obwohl niemand Sie gerufen hat. Zweitens wollen Sie eine Belohnung
dafür, dass Sie mir etwas sagen, was ich ohnehin schon weiß. Und
drittens haben Sie keine Ahnung von dem, was ich tue. Und jetzt
geben Sie mir meinen Hund zurück!"

Der Lieblingswitz von Götz Alsmann

Dass Götz Alsmann (*1957) ein herausragender Musiker und großer Entertainer ist, das wissen die meisten Leser schon lange. Da ich zu den glücklichen Menschen zähle, die seit Jahren mit Götz Alsmann arbeiten dürfen, weiß ich zusätzlich: Er ist auch ein begnadeter und leidenschaftlicher Witzeerzähler!
Immer wenn er bei den „Zimmer frei!"-Proben ins Studio schwebt, kann man darauf gefasst sein, von ihm mit dem neuesten Witz versorgt zu werden. Und Götz Alsmann enttäuscht sein Publikum nie: Seine Witze sind meistens toll – und immer toll erzählt!
Als ich Götz um seinen absoluten Lieblingswitz bat, musste er nicht lange überlegen:

Steht auf einem Grabstein: „Hier ruht Wladi Kakurratz, der große Hütchenspieler!" Steht auf dem nächsten: „Oder hier!"

Wem man Witze erzählt
(oder: Das Publikum des Witzes)

Nicht alle Mitmenschen sind offen für Witze. Das weiß jeder, der schon mal versucht hat, eine Politesse mit dem Strafzettel in der Hand zum Lachen zu bringen. Aber abgesehen von beruflich bedingter Humorlosigkeit gibt es noch weitere Aspekte, die ein guter Witzeerzähler bei der Wahl seines Publikums beachten sollte. Denn die drei sollten schon zusammenpassen, der Erzähler, der Witz und die Person, die darüber lachen soll.

Vereinfacht lassen sich die Aspekte, die bei der Zusammenführung von Erzähler, Witz und Zuhörer beachtet werden sollten, unter zwei Begriffen zusammenfassen: Wissen und Geschmack.

ASPEKT 1: WISSEN

Ein Witz funktioniert nur dann, wenn dem Zuhörer die Motive und Hintergründe des Witzes bekannt sind. Das ist unverzichtbare Voraussetzung für einen Lacher. Witze folgen dem Prinzip der Regel- und Erwartungsverletzung. Sie können also nur dann ihre Komik entfalten, wenn der Zuhörer eingeweiht ist. Ein Witz, der mit bestimmten Bildern oder Vorurteilen spielt, ist nur dann ein Knaller, wenn der Adressat diese Bilder oder Vorurteile auch kennt. Wenn jemand den Film „Avatar" nicht gesehen hat und nicht weiß, dass die Bewohner des Mondes Pandora eine blaue Hautfarbe haben, dann kann er über einen Witz wie diesen nicht lachen:

Was haben die Bewohner des Planeten Pandora
und Theaterschauspieler gemeinsam?
Sie sind den ganzen Tag blau.

Andererseits gibt es viele Menschen, die zwar den Film „Avatar"
kennen, nicht aber das Klischee, dass am Theater viel getrunken
wird. Damit setzt der Witz zwei Wissensebenen voraus: Das Wissen
um „Avatar" und das Wissen um den angeblichen Alkoholkonsum
in deutschen Theaterensembles.

Immer wieder gilt beim Erzählen eines Witzes: Wer nicht eingeweiht
ist, wird nicht lachen können. Die zahlreichen Bratschistenwitze
sind zum Beispiel nur für diejenigen lustig, die auch wissen, dass
die Meister an der Riesengeige im Orchester einen eher schweren
Stand haben.

Eine Publikumsgruppe mit klaren, quasi naturgegebenen Wissens-
defiziten ist die Gruppe der Kinder. Kinder sind zwar neugierig
und lernen jeden Tag dazu, aber trotzdem sind für sie viele Winkel
der Erwachsenenwelt noch wenig ausgeleuchtet. Während sie das
Gesamtwerk von Astrid Lindgren auswendig zitieren können, als
Experten für das Auftragen nicht mehr zu entfernender Flecken auf
Autositzen gelten und die Berufe sämtlicher Playmobil-Figuren am
Geschmack erkennen können, sind Kinder in Bezug auf Potenzstö-
rungen, historische Persönlichkeiten oder Golfer-Marotten völlig
ahnungslos. Das ist nicht weiter schlimm, denn gerade bei Kindern
stellt sich wohl jeder Witzeerzähler die Frage: „Verstehen die Kinder den Witz?" Als zweifacher Vater stelle ich mir diese Frage auch
immer wieder. Wenn meine Töchter fragen: „Papa, erzählst du uns
einen Witz?", muss ich oft stundenlang überlegen, bis ich aus dem
Meer der Erwachsenenwitze einen herausgefischt habe, den auch
kleine Mädchen verstehen (und der trotzdem lustig ist!). Aber egal,
ob der Witz lustig war oder nicht, und egal, wie lange ich suchen
musste, jedes Mal folgt der ultimative Genickschuss: „Erzählst du

uns noch einen?" Und so ziehen die nächsten Stunden ins Land. Kaum jemand würde auf die Idee kommen, einem Kind einen Witz zu erzählen, der dessen Fassungsvermögen übersteigt. Genauso sollte sich der sensible Witzeerzähler auch bei anderen Zuhörerkreisen fragen, ob er das Wissen, das für das Verständnis eines bestimmten Witzes nötig ist, voraussetzen kann.

Dabei ist Wissen nicht immer eine Frage der klassischen Bildung. Natürlich wird ein unbelesener Mensch kaum über einen Witz lachen, der sich über Kants kategorischen Imperativ lustig macht. Aber andererseits kann der vergeistigte Philosophieprofessor durchaus auf dem Schlauch stehen, wenn es um eine ihm unbekannte Dschungelprüfung geht.

Andere Witze spielen in einer fest umrissenen nationalen oder regionalen Umgebung und setzen einen entsprechenden Erfahrungshorizont voraus. Auch in meiner Heimat, dem Rheinland, gibt es solche Witze. So sind zum Beispiel die (angeblichen) Spannungen zwischen den Rheinmetropolen Köln und Düsseldorf Gegenstand zahlreicher Witze wie diesem hier:

**Ein Kölner erzählt: „Ich habe festgestellt,
dass ich Düsseldorfer Blut habe –
vorne an der Stoßstange meines Autos!"**

Zugegeben, kein besonders guter und erst recht kein geschmackvoller Witz. Vor allem aber ist er ein Beispiel für einen Witz, der nur mit regionalem Hintergrundwissen funktioniert. Dieser Witz wird in der Londoner U-Bahn kaum Lacher erzeugen. Auf der Südtribüne des Kölner Fußballstadions hingegen wird er seine Freunde finden (nicht nur, weil es dort für die Fans des 1. FC Köln sonst wenig zu lachen gibt).

Wir lachen gerne über Dinge, die wir kennen. Darum sind Witze, die sich über nationale und regionale Umstände lustig machen, auch so beliebt. Aber das macht es gleichzeitig auch schwer, Witze in die ganze Welt zu exportierten oder sie aus dem Ausland zu importieren. Den englischen und amerikanischen Humor haben wir in Deutschland dank Fernsehen und Kino mittlerweile gelernt. Aber wie viele polnische Komiker kennen wir? Wann haben wir das letzte Mal über eine chinesische Komödie gelacht? Oder über eine dänische Sitcom?

Wenn es um unterschiedliche Wissensstände geht, spielte früher neben Alter, sozialer und geografischer Herkunft auch das Geschlecht eine Rolle. Doch das ist heute weitestgehend aufgeweicht: Ob man sich für Formel 1 interessiert oder für Yoga, ist keine Frage der Chromosomen, sondern der persönlichen Interessen. Natürlich gibt es weiterhin geschlechtsspezifische Vorlieben, aber die Grenzen sind durchlässiger geworden, die Erfahrungswelten von Männern und Frauen haben sich angenähert. Die Zeiten, in denen die Frauen vor allem vorm Kleiderschrank standen, während sich die Männer vornehmlich im Kleiderschrank befanden, sind vorbei. Auch wenn diese Abgrenzung in der Witzewelt noch gang und gäbe ist: Bei meinen Recherchen bin ich unzähligen Witzen begegnet, in denen der männliche Liebhaber in den Kleiderschrank flüchtet – kein einziges Mal musste eine Frau diesen Weg gehen.

Und trotzdem lachen Frauen oft über andere Witze als Männer. Allerdings spielt hier nicht das Wissen eine Rolle, sondern der zweite Aspekt, den man bedenken sollte, wenn man den passenden Witz für sein Publikum sucht:

ASPEKT 2: GESCHMACK

Ein aufmerksamer Witzeerzähler achtet nicht nur darauf, ob sein Gegenüber in der Lage ist, den Witz inhaltlich zu begreifen. Genauso wichtig ist ihm die Chance, dass der Witz auch gut ankommt. Denn selbstverständlich gibt es Witze, die sich zwar inhaltlich erschließen, die aber trotzdem nicht den gewünschten Effekt erzielen, weil sie schlicht und ergreifend den Geschmack nicht treffen. Und Geschmäcker sind nun mal unterschiedlich – nicht nur bei Männern und Frauen.

Hier ist Fingerspitzengefühl gefragt. Wer sein Publikum richtig einschätzt, hat schon halb gewonnen: Haben die Zuhörer Spaß an Wortspielen? Lachen sie über Tabubrüche? Oder eher über Missverständnisse? Mögen sie Scherzfragen? Anti-Witze? Tierwitze? Blondinenwitze? Gibt es gemeinsame Feindbilder? Oder ist es vielleicht besser, einfach mal die Klappe zu halten und gar keinen Witz zu erzählen?

Oft ist es schwer, den richtigen Ton zu treffen. In vielen Fällen kann man bestimmte Scherze aber auch ganz einfach von vornherein ausschließen. Frauen gelten zum Beispiel nicht als die größten Fans von zotigen, versauten und oft frauenfeindlichen Sexwitzen (das behaupten sie uns Männern gegenüber zumindest – keine Ahnung, was sie sich untereinander in der Yoga-Umkleide erzählen!). Den Freund, der tränenüberströmt vom Seitensprung seiner Partnerin berichtet, wird man kaum aufzuheitern versuchen, indem man sagt: „Pass auf: Kommt ein Ehemann nach Hause und findet seine Gattin mit seinem besten Freund im Bett …"

Grundsätzlich gilt: Der Zuhörer sollte nicht gleichzeitig das Opfer des Witzes sein. Der Lachende möchte sich mit dem Erzähler solidarisch fühlen. Frauen lachen lieber über die Schwächen der Männer und umgekehrt. Blondinen – zumindest solchen, die man nett findet – sollte man deshalb nicht unbedingt einen Blondinenwitz erzählen (sie würden ihn eh nicht verstehen). Witze über Einäscherungen und heruntergefallene Urnen können urkomisch sein, sind aber kein Gesprächsthema bei Beerdigungen, und Witze über einsame Inseln sind überall lustiger als auf einsamen Inseln.

Das Zauberwort heißt „Taktgefühl". Aber die großen Virtuosen spielen selbst mit diesem sensiblen Thema: Vor Jahren saß ich mit den

Autorenkollegen von „RTL Samstag Nacht" und unserem damaligen Produzenten Hugo Egon Balder zusammen. Jemand erzählte einen Witz über Juden und Deutsche, woraufhin Balder – dessen Mutter Jüdin war – ihn mit ernstem Gesicht unterbrach: „Darüber kann ich nicht lachen. Mein Vater ist im KZ umgekommen." In das folgende beklommene Schweigen hinein fuhr Balder prustend fort: „Er ist besoffen vom Wachturm gefallen!"

Wir Witzeprofis, allesamt fern des Vorwurfs, politisch rechts zu stehen, konnten damals über Hugos Witz lachen. Aber auch deswegen, weil wir unter uns waren. In der Show hätten wir einen solchen Spruch nie gebracht!

Die Geschichte ist übrigens auch ein Beispiel dafür, dass es maßgeblich davon abhängt, wer einen Witz erzählt. Balder „darf" aufgrund seiner Biografie einen solch makabren und politisch höchst unkorrekten Witz erzählen; bei einem Menschen mit anderem biografischen Hintergrund wäre der gleiche Witz als geschmacklos empfunden worden – und das zu Recht! Was ein weiteres Mal belegt: Der Grat, auf dem ein Witz als geschmackssicher empfunden wird, ist für jeden Witzeerzähler verdammt schmal! Und es zeigt: Der Geschmack hängt auch damit zusammen, wo der Witz erzählt wird. Der gleiche (gute) Witz, der an der Kneipentheke nachts um drei Uhr hervorragende Wirkung erzielt, kann beim Candle-Light-Dinner mit der Dame deines Herzens katastrophale Folgen haben.

Zuletzt sei noch ein weiterer Aspekt angesprochen, der bei der Witzauswahl von großer Wichtigkeit ist: Es muss mindestens eine Person unter den Zuhörern sein, die den Witz noch nicht kennt. Das Kuriose ist: Eine reicht! Wenn keiner den Witz kennt, ist die Situation natürlich ideal. Wenn sich allerdings herausstellt, dass alle Bescheid wissen, macht sich sofort Langeweile breit, und man muss gar nicht erst versuchen, die Geschichte zu Ende zu erzählen. Sobald aber nur ein Unwissender im Auditorium ist, haben alle Spaß: der Erzähler, der Unwissende – und alle anderen, die gespannt auf die Reaktion des Unwissenden warten. Die Eingeweihten werden so vom gelangweilten Zuhörer zum stummen Erzähler – übrigens die einzige Konstellation, in der man sich einen bereits bekannten Witz ein weiteres Mal mit Genuss anhören kann.

Es ist nicht immer einfach, den Wissensstand seines Publikums richtig einzuschätzen und seinen Geschmack genau zu treffen. Wer allerdings das unangenehme Gefühl kennt, einen guten Witz zu erzählen und statt der erwarteten Lachsalve nur ratlose oder entrüstete Blicke zu ernten, der weiß: Man sollte es trotzdem versuchen. Es lohnt sich!

Der Lieblingswitz von Mirja Boes

Mirja Boes (*1971) zählt zu den verhältnismäßig wenigen Frauen, die sich im komischen Geschäft durchsetzen konnten. Denn Comedy ist immer noch eine von Männern beherrschte Domäne. Doch in der erfolgreichen TV-Sketch-Show „Die dreisten Drei" gelang es Mirja spielend, sich gegen ihre beiden männlichen Mitstreiter zu behaupten. Seit vielen Jahren spielt sie nun schon in der Top-Liga der Comedians. Die dafür nötige Frechheit ist eines ihrer Markenzeichen – und ist auch in dem Lieblingswitz zu spüren, den sie mir zuschickte. Mirjas Lieblingswitz ist insofern besonders, als er unmöglich von einem Mann erzählt werden kann. Diesen Witz darf nur eine Frau erzählen – und auch nur eine Frau wie Mirja Boes!

**Was macht man als Frau, wenn der eigene Mann
im Zickzack durch den Garten rennt?
Weiterschießen!**

Mirja war übrigens wenige Wochen, bevor sie mir ihren Beitrag schickte, gerade Mutter eines kleinen Jungen geworden. Ich hoffe, dass es nicht sein Vater war, der vor Mirjas geistigem Auge im Zickzack durch den Garten rannte …

Sexistische Witze finden in den meisten Fällen nur Männer lustig – aber auch nicht immer: Über einen Witz wie diesen hier können vielleicht auch Frauen lachen:

Eine Frau geht mit zwei vollen Einkaufstüten in der rechten und in der linken Hand durch einen Park, da springt plötzlich ein Exhibitionist aus den Büschen hervor und reißt den Mantel auf.
„Jessas", sagt die Frau, „jetzt weiß ich, was ich vergessen habe.
Die Shrimps!"

Ein Jäger liefert einen Kollegen ins Krankenhaus ein.
„Komme ich zu spät?", fragt er den Notarzt.
„Es liegt nicht daran, dass sie zu spät kommen", sagt der Arzt.
„Aber Sie hätten ihn nicht ausweiden dürfen!"

Ein Mann kauft sich eine Motorsäge.
Der Verkäufer hatte ihn überzeugt:
„Damit schaffen Sie locker 50 Bäume am Tag!"
Der Mann bemüht sich, schafft am ersten Tag aber nur fünf Bäume.
Am zweiten Tag schafft er sieben und am dritten Tag zehn Bäume.
Verärgert und enttäuscht möchte er das Gerät umtauschen.
Der Verkäufer guckt sich die Säge an, prüft sie und sagt:
„Komisch, Sprit ist drin, Zündkerze ist auch in Ordnung ...
testen wir sie mal." Der Verkäufer wirft die Säge an, es rattert und knattert. Erschrocken fragt der Mann:
„Was ist denn das für ein Geräusch?"

Zwei Alzheimer-Patienten sitzen im Park. Da meint der eine:
„Ich habe große Lust auf ein Eis!"
Der andere sagt: „Ich geh eins holen. Was willst du haben?"
„Zweimal Schoko. Was nimmst du?"
„Ich nehme zweimal Vanille."
„Es ist besser, du schreibst es dir auf."
„Nein, nein, der Eiswagen ist doch gleich da vorne!"
„Schreib's dir besser auf, du vergisst es!"
„Nein, nein, ich vergesse es nicht!"
Er zieht los und murmelt vor sich hin:
„Zwei Schokolade, zwei Vanille. Zwei Schokolade, zwei Vanille ..."
Nach einer Viertelstunde kommt er
mit zwei Bratwurstbrötchen wieder.
Meint der andere:
„Siehst du, ich hab doch gesagt, du sollst es dir aufschreiben!
Jetzt hast du den Senf vergessen!"

Den folgenden Witz würde ich nicht unbedingt einer Trauergemeinde unmittelbar nach einer Urnenbestattung erzählen. Aber für alle anderen dürfte er in seiner Kürze und Frechheit immer wieder erfrischend sein!

Eine Beerdigung. Es ist eiskalt und spiegelglatt.
Auf dem Weg vom Krematorium zum Friedhof rutschen die Trauernden
immer wieder aus. Schließlich wird es der Witwe zu bunt.
Sie öffnet die Urne und ruft: „Pietät hin oder her – jetzt wird gestreut!"

**Kommt ein Hippie-Mädchen im selbst gestrickten Norwegerpulli
in die Apotheke und verlangt eine Packung Tampons.
Der Apotheker gibt ihr eine Packung Papier-Taschentücher.
„Entschuldigung: nicht Tempos – Tampons!"
Darauf der Apotheker:
„Ach so, Sie sehen so alternativ aus, ich dachte, Sie drehen selbst!"**

**Ein Mann geht in ein Spielwarengeschäft, um seiner Tochter
eine Barbie-Puppe zu kaufen. Die Verkäuferin stellt ihm die
unterschiedlichen Modelle vor: „Wir haben ‚Barbie in der Schule'
für 27,95 Euro, ‚Barbie beim Campen' für 27,95 Euro, ‚Barbie goes
Party' für 27,95 Euro, ‚Barbie heiratet' für 27,95 Euro, ‚Barbie beim
Shopping' für 27,95 Euro, ‚Barbie am Strand' für 27,95 Euro und
‚Barbie ist geschieden' für 527,95 Euro!"
Ungläubig fragt der Mann: „Wie bitte? Warum kostet denn
‚Barbie ist geschieden' 500 Euro mehr als die anderen?"
„Na ja, bei ‚Barbie ist geschieden' ist jede Menge Zubehör dabei:
Kens Haus, Kens Auto, Kens Stereoanlage ..."**

Kinder lieben Witze – aber viele Witze sind für Kinder zu kompli-
ziert oder aber thematisch nicht geeignet. Die folgenden beiden
Witze sind hingegen genau richtig für die Kleinen, denn diese Witze
sind wie Kinder: Sie sind süß, niedlich – und verdammt lustig!

**Was sagt eine Schnecke, die auf einer Schildkröte reitet?
„Huiiiiiii!"**

Der kleine Eisbär fragt seine Mutter:
„Mama, bin ich wirklich ein Eisbär?"
„Ja, das bist du", antwortet die Eisbärenmutter.
„Und warum ist mir dann so kalt?"

Zwei Mafiosi haben den Auftrag, einen Richter zu ermorden.
Sie legen sich in den Straßengraben und warten, dass er auf dem Weg
zur Arbeit dort vorbeikommt, so wie er das normalerweise jeden Tag
zur gleichen Zeit tut. Aber er kommt nicht.
Besorgt schaut ein Mafiosi den anderen an:
„Das verstehe ich nicht – hoffentlich ist ihm nichts passiert!"

Im voll besetzten Theater bleibt neben einer schwarz gekleideten
Dame ein einzelner Platz leer. Ein Stehplatz-Besucher fragt die Dame
höflich, ob der Platz noch frei sei.
„Eigentlich sollte dort mein Mann sitzen", sagt sie,
„aber der ist vor Kurzem gestorben."
Der Mann drückt sein Beileid aus und fragt:
„Konnte denn kein Bekannter oder Verwandter mitkommen?"
„Nee, die sind jetzt alle bei seiner Beerdigung!"

Nach 30 Jahren Ehe ruft die Gattin aus der Küche:
„Jürgen komm nörgeln – das Essen ist fertig!"

Ein Mann wird bei seiner goldenen Hochzeit gefragt: „Wie hast du es nur so lange mit deiner Frau ausgehalten? Was ist das Geheimnis?"
Darauf antwortet der Mann: „Bei unserer Hochzeitsreise nach Spanien hatten wir eine Esel-Tour gebucht. Kaum sah der Esel meine Frau, bockte er und versuchte sie zu treten.
Meine Frau blieb ganz ruhig und sagte leise: ‚Eins!'
Auf der Hälfte des Weges schmiss der Esel meine Frau ab.
Sie blieb weiter ganz ruhig und sagte leise: ‚Zwei!'
Als sie am Ziel abgestiegen war, trat der Esel erbost nach ihr.
Meine Frau sagte nur ganz ruhig ‚Drei!',
nahm ihr Gewehr und erschoss das Tier.
Ich war entsetzt und schrie: ‚Aber Schatz! Was hast du getan?'
Mein Frau sah mich an, lächelte und sagte dann ganz ruhig: ‚Eins!' …"

Ein Biker kommt zum Pfarrer: „Herr Pfarrer, man hat mir mein Motorrad geklaut. Können Sie mir helfen, es zurückzubekommen?"
„Mein Sohn, im nächsten Gottesdienst werde ich die zehn Gebote behandeln. Achte genau darauf, wer rot wird, während ich über das siebte Gebot spreche. Das ist der Dieb!"
Der Motorradfahrer besucht tatsächlich den Gottesdienst.
Nach der Messe fragt ihn der Pfarrer: „Und, hattest du Erfolg?
Ist jemand rot geworden?"
„Nein, aber die Angelegenheit hat sich auch so erledigt.
Als Sie das sechste Gebot erwähnten, ist mir eingefallen,
wo ich das Motorrad stehen gelassen habe!"

„Pusten Sie mal in das Röhrchen!",
sagt der Polizist zum zu schnell gefahrenen Autofahrer.
„Nee!", weigert sich der Fahrer.
„Sie pusten jetzt auf der Stelle!", fordert der Polizist den Fahrer auf.
„Nee! Mach ich nicht!"
„Sie, wenn Sie jetzt nicht pusten, dann puste ich",
droht der Polizist, „und dann haben Sie 3,5 Promille!"

Zwei Bauern treffen sich in der Dorfkneipe. Der eine erzählt stolz:
„Du, ich habe jetzt eine ganz neue Versicherung
gegen Feuer und Hagel!"
Da meint der andere:
„Feuer ist ja schön und gut, aber wie machst du Hagel?"

Eine Frau bringt gesunde Drillinge zur Welt.
Eine Freundin besucht sie im Krankenhaus und gratuliert ihr:
„Drillinge – dreifaches Glück! Ich freu mich für dich!"
„Ja", sagt die junge Mutter, „das ist wirklich ein Glück!
Vor allem, weil der Arzt mir erzählt hat, dass Drillings-
Schwangerschaften nur alle 200.000 Mal vorkommen!"
„Oh, nur alle 200.000 Mal?", fragt die Freundin erstaunt. „Darf ich
fragen, wie du neben all der Hausarbeit die Zeit dafür gefunden hast?"

„Sind die Räume eigentlich hellhörig?",
fragt der neue Mieter den Hausbesitzer.
„Na ja, es geht so."
„Bitte?"
„Ich hab nichts gesagt – das kam von nebenan!"

Ein Mann trinkt in einer Bar, in der ziemlich viel los ist,
einige Bier und will dann gehen. „Stopp!", meint der Barkeeper.
„Du musst noch zahlen!"
„Aber ich habe doch schon gezahlt!", erwidert der Mann empört.
Der Kellner ist verwundert:
„Echt? Okay, entschuldige, dann ist alles in Ordnung."
Auf der Straße trifft der Mann einen Freund und erzählt ihm
von dem Barkeeper, der die Sache mit der Rechnung nicht überblickt.
Rasch geht der Freund in die gleiche Bar, trinkt ebenfalls einige Bier
und verfährt auf die gleiche Weise.
„Okay, okay", meint der Barkeeper,
„wenn du sagst, dass du schon gezahlt hast, dann glaube ich dir."
Der Mann geht, trifft ebenfalls einen Freund,
erzählt die ganze Geschichte und beschreibt ihm den Weg zur Bar.
Der Freund geht sofort hin und langt ebenfalls kräftig zu.
Bei seinem letzten Bier wendet sich der Barkeeper ihm zu und sagt:
„Was für ein Tag! Da haben doch tatsächlich zwei Kerle
hintereinander behauptet, sie hätten schon gezahlt und ich würde
mich nur nicht erinnern. Der Nächste, der mir auf diese Tour kommt,
fängt sich gewaltig eine ein!"
Da setzt der Gast sein leeres Glas ab und sagt:
„Mann, langweile mich nicht mit deinen Geschichten! Gib mir lieber
mein Wechselgeld – ich muss gehen."

Der Lieblingswitz von Guido Cantz

Wenn einer Witze erzählen kann, dann ist er es: Guido Cantz (*1971) ist nicht nur als TV-Comedian (unter anderem in der Ratesendung „Genial daneben") und Moderator (seit 2010 präsentiert er in der ARD den Fernsehklassiker „Verstehen Sie Spaß?") sehr erfolgreich, sondern er ist durch und durch ein Mann der Bühne. Er ist seit Jahren mit eigenen Bühnenprogrammen unterwegs, vor allem aber kennt er die harte Schule des Kölner Karnevals aus dem Effeff: Dort bringt Guido Cantz jedes Jahr bei Hunderten von Auftritten sein Publikum zum Lachen. Und das ist – gerade im Karneval – nicht immer einfach. Darum weiß er ganz genau, was funktioniert und was nicht. Immer wenn wir uns treffen, hat er einen neuen Witz im Gepäck, den ich garantiert noch nicht kannte. Über den folgenden Witz musste ich so lachen, dass Guido meinte: „Nimm den doch für dein Buch." Gute Idee!

Ein Kegelclub überlegt, wohin die Tour
zum 20-jährigen Club-Bestehen hingehen könnte.
Einer der Kegelbrüder meldet sich:
„Lass uns nach Boppard fahren. Da sind zur selben Zeit
garantiert auch ein paar Damenkegelclubs unterwegs
und es gibt schöne Diskotheken und Nachtlokale."
Zehn Jahre später überlegen die Kegelbrüder wieder,
wo es hingehen soll, bis einer meint:
„Wie wäre es mit einer Kegeltour nach Boppard?
Da gibt es tolle Restaurants, das Essen ist sehr gut,
und man kann ganz in Ruhe mal ein Glas
Rotwein trinken, so ganz ohne Hektik."
Zum 40-jährigen Bestehen des Kegelclubs
suchen die Männer wieder nach einem Ziel für die Kegeltour.
„Wie wäre es mit Boppard? Da kann man sehr schön
am Rhein spazieren gehen, die Wege sind asphaltiert – gut für
Rollatoren –, man kann herrlich nachmittags Kaffee trinken
und für den Notfall sind auch zwei Krankenhäuser in der Nähe."
Zum 50-jährigen Jubiläum des Clubs
schlägt der Präsident dann vor:
„Wie wäre es mit Boppard?"
Die Kegelbrüder sind jedoch skeptisch:
„Wieso ausgerechnet Boppard?"
„Da waren wir noch nie!"

Ein Europäer reist durch Amerika. In einer Kleinstadtkneipe
bestellt er einen Drink. Während er auf das Getränk wartet,
zündet er sich eine Zigarre an, nimmt einen Zug und bläst gemütlich
ein paar Rauchringe in die Luft.
Plötzlich kommt ein Indianer auf ihn zu und sagt wütend:
„Noch so eine Bemerkung, und ich stopfe dir dein großes Maul!"

Treffen sich drei Wale im Meer.
Der erste erzählt: „Ich habe letztens einen Rockstar verschluckt.
Der war so voller Rotwein, dass ich zwei Tage lang blau war!"
„Ich habe einen Reggae-Musiker verschluckt", meint der zweite,
„der war so bekifft, dass ich eine Woche lang high war."
Der dritte Wal sagt: „Ich habe eine Soap-Darstellerin verschluckt.
Die war so hohl, dass ich einen ganzen Monat nicht tauchen konnte!"

Geständnis in der Hochzeitsnacht:
„Liebling, ich muss dir was beichten: Ich habe Asthma",
flüstert die junge Braut.
Erleichtert atmet er auf: „Da bin ich aber froh, mein Schatz.
Ich dachte schon, du pfeifst mich aus ..."

Beethoven war so taub, dass er lange Zeit dachte, er malt!

Irland im Sommer.

Eine Frau kommt im luftigen Sommerkleid in eine Kneipe und setzt sich an die Bar. Sie hebt ihren Arm hoch, sodass alle Anwesenden ihre buschigen Achselhaare sehen können, und ruft:

„Gibt es hier in dem Laden einen richtigen Mann,
der einer Dame einen Drink ausgibt?"

Keine Reaktion.

Doch dann meldet sich aus einer Ecke am anderen Ende der Kneipe ein Gast: „Wirt, gib der Ballerina ein Getränk auf meine Kosten!"

Die Frau bestellt ein Guinness und trinkt es schnell aus.

Dann hebt sie wieder ihren Arm und zeigt ihre Achselhaare:

„Gibt es hier in dem Laden einen richtigen Mann,
der einer Dame einen Drink ausgibt?"

Während alle anderen betont tief in ihre Gläser schauen,
meldet sich wieder der Mann aus der Ecke:

„Gib der Ballerina noch einen Drink!"

Der Ablauf wiederholt sich noch ein paar Mal,
bis der Wirt den Gast fragt:

„Woher weißt du eigentlich, dass die Frau eine Ballerina ist?"

„Eine Frau, die ihr Bein so hoch heben kann,
muss eine Ballerina sein!"

Ja, ich weiß: ein bisschen derb, die Pointe. Aber der Witz wurde mir von einem feinsinnigen britischen Gentleman erzählt, der garantiert keine frauenfeindliche Gesinnung hat. Also: Die feinsinnigen Leser können diesen Witz ohne Gefahr verwenden. Die weniger feinsinnigen kannten ihn wahrscheinlich eh schon ...

Im Krankenhaus steht der alte Herr Müller
in seinem OP-Nachthemdchen auf dem Flur und murmelt vor sich hin:
„Calamares? Scampi? Muscheln? ..."
Ein Arzt kommt vorbei, klopft ihm aufmunternd auf die Schulter
und sagt: „Es war Krebs, Herr Müller, Sie haben Krebs!"

Der Kölner Kardinal stirbt.
In seinem Testament vermacht er dem Papst seinen Papagei.
Dieser Vogel hatte die Angewohnheit, den Kardinal jeden Morgen
mit dem Satz „Guten Morgen, Eminenz" zu begrüßen.
Auch den Papst empfängt der Papagei jeden Tag,
wenn er sein Arbeitszimmer betritt, mit „Guten Morgen, Eminenz".
Der ganze Vatikan ist entrüstet, dass der Papagei nicht
„Guten Morgen, Eure Heiligkeit" sagt.
Es wird alles Mögliche ausprobiert, um dem Kölner Papagei
den neuen Spruch beizubringen – vergebens.
Schließlich meint ein Berater des Papstes:
„Wenn Eure Heiligkeit morgen früh in vollem Ornat mit Mitra,
Hirtenstab und prunkvollem Messgewand ins Arbeitszimmer gehen,
dann ist der Papagei sicher so voller Ehrfurcht,
dass ihm gar nichts anderes übrig bleibt, als Euch mit
„Eure Heiligkeit" zu begrüßen.
Gesagt, getan: Am nächsten Morgen betritt der Papst vollbehangen
mit kirchlichem Klunker das Arbeitszimmer.
Der Papagei scheint zunächst etwas verwirrt zu sein.
Dann ruft er: „Kölle Alaaf, Kölle Alaaf!"

Ein amerikanischer Vertreter für Schuhcreme versucht in Chicago ein Hotelzimmer zu bekommen. Nach mehreren Anfragen in vollkommen ausgebuchten Hotels entdeckt er in einer Nebenstraße eine kleine, heruntergekommene Pension und fragt den schwarzen Portier nach einem Zimmer.

Der Portier antwortet: „Tut mir leid, dieses Hotel ist nur für Schwarze!"
Nach kurzem Überlegen schmiert sich der Vertreter Gesicht, Hände und Arme mit schwarzer Schuhcreme ein.
Anschließend fragt er den freundlichen Portier erneut nach einem Zimmer – und diesmal hat er Erfolg.
Auf dem Weg zur Treppe bittet er den Portier: „Könnten Sie mich morgen früh bitte um sechs Uhr wecken? Ich muss zum Flughafen."
Am nächsten Morgen steht ein schwarzer Mann vor dem Check-in im Flughafen. Eine Mitarbeiterin der Airline sagt:
„Tut mir leid, der Flug ist nur für Weiße!"
„Kein Problem!", antwortet der Schwarze und versucht, sich die schwarze Schuhcreme aus dem Gesicht zu wischen.
Doch es gelingt ihm nicht – er bleibt schwarz.
Was ist passiert?
Der Portier hat den Falschen geweckt!

Wieder mal ein spezieller Fall. Darf man über einen Witz lachen, der von Rassentrennung zwischen Schwarzen und Weißen erzählt? Ich finde: Ja, man darf. Denn der Witz macht sich weder über Rassentrennung noch über Afroamerikaner lustig. Das Lachen entsteht einzig durch die Absurdität des Vorgangs.

Ein türkischer Gastarbeiter hat gespart und kauft sich nun ein schönes Einfamilienhaus in einem guten Wohnviertel. Neben ihm wohnt ein deutscher Zahnarzt. Nachdem der Türke sein Haus renoviert hat und mit seiner Familie eingezogen ist, spricht er seinen deutschen Nachbarn an: „Guckst du, Zahnarzt, jetzt sind wir gleich!"
„Fast", sagt der Zahnarzt, „denn schau mal bei mir in den Garten: Ich habe einen Pool und du nicht!"
Das lässt der Türke nicht auf sich sitzen. Er trommelt seine Verwandten zusammen, damit sie ihm helfen, einen Pool zu bauen. Ein halbes Jahr später ist es so weit: Auch der Türke hat einen eigenen Pool im Garten.
Stolz geht er zu seinem Nachbarn:
„Guckst du, hab ich auch Pool – jetzt sind wir gleich!"
„Nicht ganz", lacht der Zahnarzt, „denn schau mal in unsere Garagen: In deiner Garage steht ein alter Ford,
in meiner ein nagelneuer Porsche!"
Der Türke beginnt zu sparen. Er macht Überstunden, arbeitet an den Wochenenden, trägt zusätzlich nachts Zeitungen aus. Nach zwei Jahren hat er das Geld zusammen und kauft sich einen nagelneuen Porsche. Stolz verkündet er dem Nachbarn:
„Guckst du, jetzt hab ich auch Porsche!"
Der Nachbar ist beeindruckt: „Ali, mein Lieber, Hut ab!
Jetzt muss auch ich sagen: Jetzt sind wir gleich!"
„Sind wir nicht", lacht der Türke, „weil ich habe reiche Zahnarzt als Nachbarn – und du nur arme Türken-Familie!"

[ha.'ha]

Der Sohn fragt seinen Vater am Frühstückstisch:
„Papa, wenn Gott die Menschen gemacht hat,
wer hat dann Gott gemacht?"
Der Vater schaut ihn an und überlegt lange,
was er dem Jungen antworten soll, ohne ihn zu verwirren.
Dann endlich sagt er:
„Halt's Maul und iss dein Müsli."

Ein Mann kommt spät in der Nacht völlig betrunken von einer
Zechtour nach Hause. Seine Frau erwartet ihn schon an der Haustür:
„Na, wo kommst du denn her, Superman?"
„Ischsch war mit mei'm Kumpel inner Kneipe ..."
„Und dann, Superman?"
„Danach sinnn wir noch zum Tabledance gegangen ..."
„Aha! Aber das war doch noch nicht alles.
Ihr wart doch sicher noch woanders, Superman!?"
„Stimmt! Wwwir wwwar'n noch im Bbbbbordell
und hammm 'ne Nummer geschoben."
„So, so, Superman!"
„Sag ma, warum nennst du misch eigentlich die ganze Zeit
,Ssssuperman'?"
„Weil Superman der einzige Mann der Welt ist,
der seine Unterhose *über* der Hose trägt!"

Ein alter Mann sitzt in der afrikanischen Steppe
und spielt wunderbar Geige. Ein Löwe kommt vorbei.
Er umkreist ihn und legt sich dann schnurrend nieder.
Dann kommen noch zwei weitere und legen sich ebenfalls hin.
Nach einiger Zeit kommt ein vierter Löwe und frisst den Mann auf.
Oben auf einem Baum haben zwei Geier das Ganze beobachtet.
Der eine sagt zum andern: „Siehst du? Wie ich es gesagt habe –
wenn der taube Clarence kommt, ist es mit der schönen Musik vorbei!"

Drei Männer stehen vor dem Richter.
Der Richter fragt den ersten Mann:
„Wer sind Sie und was haben Sie getan?"
„Mein Name ist Moser, und ich habe den Stein ins Wasser geworfen."
„Kinderei", entgegnet der Richter. „Freispruch."
Moser verlässt erleichtert den Saal.
Der Richter spricht den zweiten Mann an:
„Und was ist mit Ihnen?"
„Ich heiße Bender, und ich habe mitgeholfen,
den Stein ins Wasser zu werfen."
„Beihilfe zur Kinderei, Freispruch",
sagt der Richter und schickt Bender in die Freiheit.
Dann spricht er den dritten Mann an:
„Und Sie? Was haben Sie damit zu tun?"
Da sagt der dritte: „Mein Name ist Stein ..."

[ha.'ha]

In der Notre-Dame-Kathedrale in Paris
wird die Stelle des Glöckners neu ausgeschrieben.
Ein sehr hässlicher Mann mit zwei Buckeln auf dem Rücken
klopft an das Portal der Kirche.
Ein Pater öffnet die schwere Tür.
„Ich würde mich gerne als neuer Glöckner bewerben",
erklärt der Mann.
Als der Pater die beiden Buckel des Anwärters erblickt, antwortet er:
„Tut mir leid, aber Sie sind überqualifiziert!"

Ein junger, schöner Förster inspiziert gut gelaunt seinen Wald.
Plötzlich steht ihm auf einer Lichtung eine alte Hexe gegenüber.
Sie trägt einen lumpigen, schwarzen Umhang,
hat eine große Warze auf der Nase,
und auf ihrer Schulter sitzt ein zerzauster Rabe.
Kichernd sagt sie:
„Oh, schöner Förster! Wenn du errätst,
welches Tier ich auf meiner Schulter trage,
dann darfst du mit mir, hehehe, schlafen!"
Der Förster blickt die Hexe angewidert
mit zugekniffenen Augen an und antwortet:
„Äh, keine Ahnung, vielleicht ein Tintenfisch?"
Die Hexe kichert:
„Na gut, das lasse ich gerade noch mal durchgehen!"

Zwei junge Juden haben in New York ihr letztes Geld durchgebracht.
In einer Seitenstraße entdecken sie eine katholische Kirche,
an der ein großes Plakat hängt:
„Jetzt Katholik werden – sofort 100 Dollar bekommen!"
Nach kurzem Überlegen betritt der erste Jude die Kirche.
Es vergehen zwei Stunden, bis er wieder herauskommt
und auf seinen Freund trifft.
„Und wie war es?", fragt der Freund.
„Gut, die haben mir die ganze Geschichte erklärt,
ich wurde getauft, und jetzt bin ich Katholik."
„Und was ist mit den 100 Dollar?"
„Siehst du, das genau ist der Grund,
warum wir euch Juden nicht leiden können!"

Dieser Witz spielt virtuos mit dem Klischee, Juden seien auf Geld fixiert. Das Virtuose daran: Es ist nicht das Klischee selbst, das uns lachen macht, sondern der Umstand, dass der konvertierte Jude, kaum dass er Christ geworden bist, ebendiesen Allgemeinplatz übernimmt. Somit ist dieser Witz nicht, wie es im ersten Moment den Anschein haben kann, ein Witz über jüdischen Geschäftssinn, sondern einer über den Umgang mit Vorurteilen.

Ein junger Mann hat drei Freundinnen.
Er kann sich nicht entscheiden, welche der drei Frauen er heiraten soll.
Also macht er einen Test und gibt jeder der drei Frauen 1000 Euro.
Die erste Freundin kauft sich für das Geld neue Kleider und Schuhe,
geht zum Friseur und zur Kosmetikerin.
Anschließend kommt sie zu dem jungen Mann zurück und sagt:
„Ich will die Schönste sein für dich, weil ich dich liebe!"
Die zweite Freundin kommt mit einem Grill, einer Playstation und
einem Monatsvorrat an Bier zurück und sagt:
„Das sind meine Geschenke für dich, weil ich dich liebe!"
Die dritte Freundin investiert die 1000 Euro an der Börse
und innerhalb kurzer Zeit verdoppelt sich das Geld.
Den Profit investiert sie wieder. Als aus den 1000 Euro 100.000 Euro
geworden sind, geht sie zu dem jungen Mann und sagt:
„Ich habe dein Geld genommen und es für unsere gemeinsame
Zukunft vermehrt, weil ich dich liebe!"
Der junge Mann ist sehr beeindruckt von allen drei Freundinnen.
Er zieht sich eine Weile zurück und denkt intensiv nach.
Nach reiflicher Überlegung heiratet er die mit den größten Brüsten.

Der Arzt sieht seinen Patienten ernst an:
„Ich habe leider zwei schlechte Nachrichten für Sie.
Die erste ist: Sie haben Alzheimer."
„Oh, mein Gott! Und was noch?"
„Die zweite schlechte Nachricht ist: Sie haben Krebs."
„Gott sei Dank kein Alzheimer!"

Ein Mann kommt in eine Arztpraxis.

Als er sieht, dass das Wartezimmer voll ist, sagt er:
„Prima", und geht wieder.

Am nächsten Tag kommt er erneut in die Praxis.

Das Wartezimmer ist auch diesmal voller Patienten.

„Klasse", sagt der Mann und geht wieder.

Das wiederholt sich einige Tage. Der Arzt bekommt das Schauspiel mit und wundert sich. Er bittet seine Sprechstundenhilfe, dem Mann nachzuspionieren.

Am nächsten Tag fährt sie dem Mann hinterher und erstattet danach ihrem Chef Bericht: „Herr, Doktor, er fuhr zu einem Hochhaus."

„Ja, und dann?"

„Dann ging er in den Aufzug."

„Und dann?"

„Dann fuhr er in den 3. Stock."

„Und dann?"

„Dann klingelte er an einer Tür."

„Und dann?"

„Dann machte ihm eine Frau auf."

„Ja, und dann?"

„Dann sagte er zu ihr: ‚Liebling, wir können noch mal. Dein Mann ist noch mindestens zwei Stunden beschäftigt!'"

Ein Mann kommt in eine Bar und bemerkt auf einem Regal einen riesigen Glaskrug, gefüllt mit unzähligen 50-Euro-Scheinen. Er fragt den Barkeeper: „Entschuldigung, was hat es denn mit dem Glas voller Geldscheine auf sich?

Das muss ja ein Vermögen sein!"

Der Barkeeper antwortet: „Ich habe in meinem Lokal

[ha.'ha]

eine Wette laufen: Wer einen Fünfziger einzahlt und drei Aufgaben bewältigt, der bekommt den Krug samt Inhalt.
Es sind aber sehr schwierige Aufgaben, wie du dir anhand der Menge der Scheine schon denken kannst!"
„Und was sind das für Aufgaben?"
„Erst zahlen, dann erfährst du alles!"
Also gut, der Mann rückt einen Fünfziger raus.
Der Barkeeper stellt die Aufgaben: „Erstens: Du musst diesen Zwei-Liter-Krug mit Tequila auf ex austrinken, ohne abzusetzen – und du darfst dabei keine Miene verziehen. Zweitens: Hinten im Hof ist mein Pitbull angekettet, der hat einen lockeren Zahn. Den musst du ihm mit bloßen Händen ohne Hilfsmittel ziehen. Drittens: Im ersten Stock wohnt meine 80-jährige Oma, die hatte in ihrem Leben noch nie einen Orgasmus. Der musst du es besorgen, bis sie zum Höhepunkt kommt!"
Der Mann meint: „Du spinnst wohl, das schafft doch kein Mensch!"
„Na gut, dann kommt der Fünfziger ins Glas."
Verärgert trinkt der Mann ein paar Bier, und mit dem Alkoholspiegel steigt auch sein Mut. Nach einer Weile ruft er dem Barkeeper zu: „He, Wirt, ich mache es doch! Wo ist der Tequila?"
Der Wirt gibt ihm den Zwei-Liter-Krug, der Mann setzt an und beginnt zu trinken. Tränen rinnen ihm aus den Augen, sein Kopf wird rot, aber er verzieht keine Miene – und trinkt den Krug wirklich auf einmal aus! Applaus bricht in der Bar aus und der Mann schwankt hinaus in den Hof zur zweiten Aufgabe. Plötzlich hört man von draußen Kampfgeräusche, Bellen, Jaulen, Kratzen, Schreien – und dann ist es still. Die anderen Gäste sind sich sicher, dass der Wettkandidat diese Aufgabe nicht überlebt hat. Doch dann torkelt er zur Tür herein, die Kleider zerfetzt, übersät mit Biss- und Kratzwunden – die Gäste halten den Atem an. So weit hat es bisher noch niemand geschafft!
Der Mann torkelt, aber er fällt nicht. Er schaut sich triumphierend um und sagt zum Wirt: „So, zweite Aufgabe erledigt! Und wo ist jetzt die 80-jährige Oma mit dem lockeren Zahn?"

Der Lieblingswitz von Ingolf Lück

Ingolf Lück (*1958) hat dafür gesorgt, dass die Deutschen schon Formel Eins schauten, als Michael Schumacher noch völlig unbekannt und Sebastian Vettel noch gar nicht geboren war: Als Moderator der Kult-Show „Formel Eins" wurde Ingolf schon früh zum Star. Seine komischen Fähigkeiten hat er allerdings besonders gut beim Comedy-Klassiker „Die Wochenshow" zeigen können: Er moderierte alle 220 Folgen und glänzte daneben in verschiedenen komischen Rollen. Als Herbert Görgens prägte er das geflügelte Wort „Komm ich jetzt im Fernsehen?". Er *kam* ins Fernsehen. Und auf die Bühnen. Und ins Kino. Trotzdem gibt er sich bescheiden. Er schrieb mir: „Ich bin einer der Menschen, die nicht die Fähigkeit besitzen, sich Witze merken zu können." Stimmt nicht. Er kann sich sogar *zwei* Witze merken – und hier sind sie:

**Eine Schwangere kommt in die Bäckerei
und sagt: „Ich kriege ein Brot."
Darauf sagt die Verkäuferin:
„Na, da wird sich Ihr Mann aber wundern!"**

Und weil's so schön kurz war, gleich noch ein Lieblingswitz von Ingolf Lück:

**„Papi, was ist eigentlich eine Transe?"
„Keine Ahnung, frag Mami – der weiß das!"**

Welche Witze man erzählt
(und welche man besser verschweigt)

Humor ist Geschmackssache. Darum sind die Witze, die mir von
meinen prominenten Kollegen für dieses Buch zur Verfügung ge-
stellt wurden, auch so unterschiedlich: Mirja Boes schießt gegen
Männer, Wigald Boning und Mike Krüger retten sich ins Wortspiel,
Otto Waalkes und Götz Alsmann lieben es absurd, Guido Cantz und
Johann König erzählen Geschichten aus der Nachbarschaft, Ingolf
Lück lacht über Missverständnisse, bei Martina Hill, Simon Gosejohann und Ralf Schmitz agieren Tiere ... jeder von ihnen schickt
einen anderen Witz ins Rennen. Kein Witz gleicht dem anderen.
Doppelnennungen kommen nicht vor. Das beweist, dass die allge-
meine Regel auch für Profis gilt: Jeder lacht über etwas anderes!

Es gibt viele verschiedene Geschmäcker, und diese verschiedenen
Geschmäcker verlangen nach verschiedenen Witzen. Ich habe bereits beschrieben, wie die Wahl des „richtigen" Witzes vom Anlass,
vom Publikum und von der Absicht des Erzählers abhängt. Es gibt
nicht den einzig wahren und richtigen Weg, Witze auszuwählen und
zu erzählen. Und es gibt auch nicht den allgemeingültigen „besten
Witz der Welt".
Trotzdem stellt sich die Frage: Gibt es Witze, die generell tabu
sind und die schlicht und ergreifend verboten werden sollten? Die
zu derb, zu billig oder zu doof sind? Ich sage: Nein, die gibt es
nicht. Man sollte auch frauenfeindliche, rassistische, verletzende,
geschmacklose, sexistische, dumme oder platte Witze erzählen
dürfen. Aber das Schöne ist: Man *muss* es nicht tun! Ich persönlich

versuche zum Beispiel, wenn es eben geht, auf solche Witze zu verzichten.

Jeder Witz hat seine Berechtigung, aber nicht jeder Witz ist für jedes Publikum geeignet. Und damit bin ich beim einzigen Tabu, das ich in Bezug auf Witze gelten lasse: Wenn ein Witz seinen Zuhörer verletzt, kränkt oder beleidigt, ist Schluss mit lustig! Alle Witze dürfen sein – aber nicht überall. Einer Nonne werde ich keinen Witz erzählen, der ihre religiösen Gefühle verletzt, und sei der Gag noch so gut. Ein Todkranker wird kaum über einen Witz zum Thema „Sie haben noch vierundzwanzig Stunden zu leben" lachen. Und der frisch gehörnte Ehemann hat garantiert keine Freude an „Mann-im-Schrank"-Scherzen – erst recht nicht, wenn sie ihm im eigenen Schlafzimmer vom Mann im Schrank erzählt werden! Aber vielleicht lacht die Nonne über den Mann im Schrank, der gehörnte Ehemann über die gute und die schlechte Nachricht des Arztes und der Todkranke über Jesus auf dem Golfplatz. Jeder Witz kann Lacherfolge erzielen, und jeder Mensch kann zum Lachen gebracht werden – es ist nur eine Frage der richtigen Kombination.

Geschmacklose, böse oder diskriminierende Witze dürfen also sein, solange sie ihre Zuhörer nicht verletzen. Und trotzdem: Wann immer ich die Wahl habe zwischen einem geschmacklosen und einem geschmackvollen, zwischen einem platten und einem subtilen oder zwischen einem lustigen oder bösen Witz, wähle ich den geschmackvollen, subtilen und lustigen. Zugegeben: Manchmal habe ich diese Wahl nicht. Zum Beispiel wenn das Publikum so unaufmerksam und abgelenkt ist, dass man den Holzhammer herausholen muss, um es zu erreichen. Oder – und das ist das am schwersten zu vermittelnde Argument – wenn der Witz zwar geschmacklos/frauenfeindlich/sexistisch etc. ist, aber gleichzeitig einfach verdammt gut!

Denn das wichtigste Kriterium bleibt für mich: Der Witz muss gut sein. Wenn er mich amüsiert, mich überrascht und ich über ihn lachen kann, dann ist alles in Ordnung. Mehr muss ein Witz nicht können. Wenn er das auf geschmacklose Weise macht, nehme ich das billigend in Kauf. Der gute Witz schlägt jederzeit den schlechten – egal auf wessen Kosten er geht und egal, wie niedrig sein Niveau ist. Aber wenn ich wählen darf zwischen dem niveauvollen und dem niveaulosen Witz, dann ziehe ich den mit Niveau immer vor.

Und ich rufe die Leser dieses Buches auf, es mir nachzutun: Unterziehen Sie die Witze, bevor Sie sie erzählen, einer Qualitätsprüfung. Wenn Originalität, Aufbau, Stil, Kompatibilität, Inhalt und Pointe stimmen, dann nichts wie raus damit! Vergessen Sie die 08/15-Schmunzler. Ziehen Sie mit in den Kampf für den guten Witz! Ich habe versucht, in diesem Buch Witze zu versammeln, die diesem Anspruch gerecht werden: originelle, abwechslungsreiche, noch nicht allzu bekannte, gut konstruierte und vor allem saulustige Witze für viele Gelegenheiten. Nicht jeder Leser wird bei jedem Witz meine Ansicht teilen. Und nicht jeder Witz erfüllt alle meine Kriterien. Aber ich hoffe, dass die Absicht spürbar ist: lachen zu machen, ohne zu verletzen, ohne auf Minderheiten herumzuhacken, ohne allzu tief in die Schmuddelkiste zu greifen und ohne allzu reißerisch mit Tabus zu jonglieren.

Humor ist und bleibt eine subjektive Angelegenheit. Und den subjektivsten Beitrag für dieses Buch habe ich bis zum Schluss aufbewahrt: meinen persönlichen Lieblingswitz. Er wurde mir vor über 25 Jahren erzählt, und zwar von dem Kölner Sänger und Schauspieler Gerd Köster. Seitdem trage ich den Witz mit mir herum und wende ihn immer wieder erfolgreich an. Kleine Kinder lachen über ihn genauso wie alte Omas, Professoren und Handwerker haben Spaß an ihm, Deutsche und Engländer finden ihn komisch, und ich bin keinem einzigen Zuhörer begegnet, der sich durch ihn verletzt oder gelangweilt gefühlt hätte. Das besonders Schöne an meinem Lieblingswitz aber ist, dass er ganz anders funktioniert als alle anderen Witze, die ich kenne. Und ich bin gespannt, ob auch die Leser dieses Buches genauso viel Spaß daran haben werden wie ich.

[ha.'ha]

Der Lieblingswitz von Paulus Vennebusch

Was macht ein ein Meter großer Spatz auf der Fensterbank?

(Die Antwort steht auf der nächsten Seite.)

„Pieeeec